KEEP IN TOUCH
THE THREE CORNERED WORLD
BOOKS ARE
日本史

LOVE
LAUGH
王様でたどる
イギリス史
ひれふせ、女
猫と女

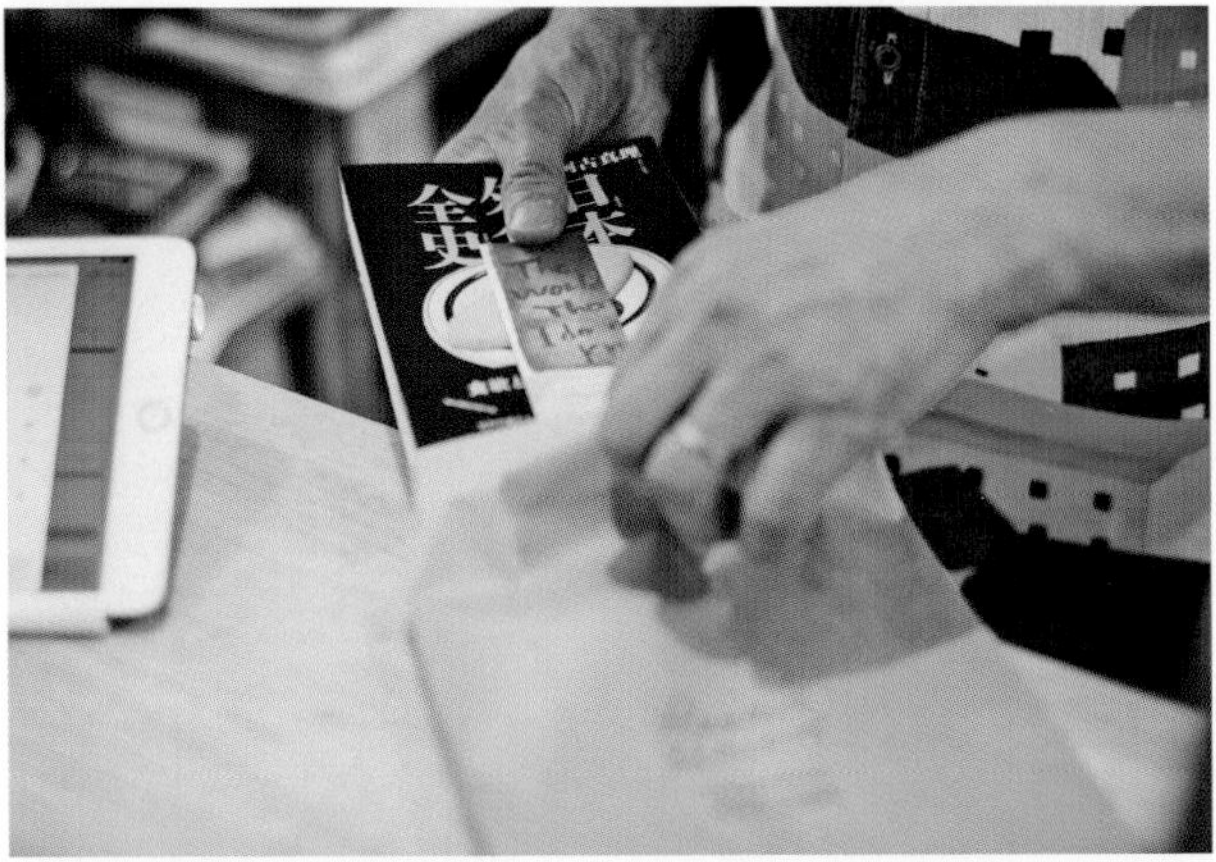
全史

LIVE
NIGHT
GALACTIC
RAILROAD
MANY
A
BOOK

世界から
コーヒー

Coffee
¥500
Beans
¥1000
(税別)

Readin'Writin' BOOKSTORE

〒111-0042 東京都台東区寿2-4-7

営業時間	12:00〜17:30（火金17:00、土日18:00）
定休日	月曜日
Tel/Fax	03-6321-7798
Twitter	@ochimira

新聞記者、本屋になる

落合博

光文社新書

はじめに

サン・ジョルディの日

4年前の日曜日（２０１７年4月23日）、僕が店主を務める本屋Readin' Writin' BOOKSTOREは東京都台東区寿《ことぶき》2丁目の路地にオープンした。

最寄り駅は東京メトロ銀座線の田原町《たわらまち》。お隣には黄色の看板が目を引く洋菓子店「レモンパイ」がある。浅草寺《せんそうじ》や雷門《かみなりもん》へは歩いて5分もかからず、街歩きのスポットとして雑誌などで紹介されることが多い蔵前《くらまえ》も近い。

２０１７年の年明け、3月末で毎日新聞社を退職することを上司に告げた。3月からは店の内装工事が始まっていた。本が何冊そろえば開店できるのか見当がつかない。ならば開店日を先に決めて、その日を目標に準備を進めることにすればいい。

日にちが迫っていればペースを上げて、先ならばスローペースで。10年ほど前から日課にしている朝のランニングも同じ。10㎞とハーフマラソン、フルマラソン、１００㎞ではそれぞれ臨む気構えもペースも異なる。

見切り発車だったかもしれない。でも、決めないことにはいつまで経っても何も始まらない。売りたい本が1冊でもあれば始めてもいいのだと、いつか本屋を始めたいという人にはアドバイスしている。

退職すれば3月いっぱいで定期的な収入は途切れる。妻が看護師としてフルタイムで働いているとはいえ、保育園に通っている息子もいたし、空白期間はできるだけ短い方がいいと思った。店を始めるのであれば4月下旬から始まるゴールデンウイークは逃したくなかった。

4月23日が「サン・ジョルディの日」であることは知らなかった。スペイン・カタルーニャ地方の祝祭日で、大切な人に本とバラを贈るという日だ。本屋を始めるのにこれ以上の日はないだろう。土曜日の4月22日も候補だったが、カレンダーを見たら仏滅という理由で翌日にしたというわけ。物語はない。

当日になっても準備は終わっていなかった。

朝の8時に集合してくれたのは店の設計をお願いした一級建築士の白《しら》井《い》宏昌《ひろまさ》さん、白井さんの事務所に勤めていた野口直樹《のぐちなおき》さん（現１７４建築計画代表、一級建築士）、白井さんが教えている滋賀県立大学の学生たち、取引先として白井さんが紹介してくれた大手文具メーカーK社の社員たち、そして赤坂の本屋、双子のライオン堂の竹田信弥《たけだしんや》さんと蔵前の本屋、H.A.Bookstore（２０２０年9月で実店舗はクローズ。現在はオンラインで活動中）の松井祐輔《まついゆうすけ》さんだ。

この日までに仕入れることができたのは絵本を中心に三百数十冊。計画では本屋／本、東京／ＴＯＫＹＯ、浅草／演芸、ライティング／文具、言葉、絵本／図鑑など10のカテゴリーで１００冊ずつ計１０００冊の在庫を確保するつもりだったが、忙しさにかまけて選書を後回しにした結果、約3分の1でのスタートになった。

にもかかわらず陳列には手が回らず、竹田さんと松井さんには、段ボール箱に入ったままで並べ終わっていない本を取り出し、中央の平台《ひらだい》に並べてもらう作業をお願いすることに。手際よく本を並べる竹田さんと松井さんを僕は眺めているだけ。棚は表紙を前にした面出《めんだ》しで埋めた。ふたりには足を向けて寝られない。

店の外で待ってくれているお客さんがいたため、予定の正午より30分ほど早く開店した。阪急電車の色と説明しているエンジの扉にも「Readin'Writin' BOOKSTORE」のロゴがまだ入っていなかった。

人生で初めて経験するレジ打ち。店内の人は途切れず、カウンターの中でほぼ立ちっ放しだったような気がする。妻も当時3歳だった息子を連れて来て、レジ作業を手伝ってくれた。初めてお買い上げいただいたのは地元浅草生まれで俳優、文筆家として活躍した沢村《さわむら》貞子《さだこ》さんの『私の浅草』(暮しの手帖社)だった。ツイッターを通して知り合ったイラストレーター、竹《たけ》田《だ》明日香《あすか》さんのオリジナルポストカードなどもお買い上げいただいたが、メモする余裕もなく、初日の雑貨や文具の販売状況は分からずじまい。

18時で店を閉めた。初日旅立ったのは24冊で、絵本が３分の１の８冊。売り上げ金額は３万２０２２円だった。

新聞記者、本屋になる——目次

写真：田村昌裕（ＦＲＥＡＫＳ）
本文デザイン：大橋マホ（ＧＯＯＤ ＦＬＯＷ）

第1章

新聞記者だった

退職を告げた日

言い出すタイミングを狙っていた。２０１７年１月４日。その日は年末年始の休みが終わり、仕事始めの日だった。

暮れのうちにという選択肢もあった。４月の定期人事異動に向けた社内調整が始まっているはずで、できるだけ早い時期に言った方が迷惑をかけないことは部長経験者として知っていた。ただ、年末年始のストック原稿が集中する時期でもあり、年明けにした。

その日の午後、論説委員室に人が少なくなったころを見計らって、上司の論説委員長のところに行き、「少しお話が……」と声をかけた。皇居に臨む別室に移り、ソファに向かい合って座った。３月いっぱいで退職することを切り出すと、少し驚いた様子が表情からうかがえた。退職後の仕事について聞かれ、本屋を始めることを告げると、また驚いたようだったが、興味がないのか、遠慮したのか、根掘り葉掘り聞かれることはなかった。話は数分で終わった。

　すでに2年近く前から本屋を始める準備をしていた。そのせいか会社を辞めることに迷いやためらいはなかった。無職になるならともかく、頭の中は新しい仕事のことでいっぱいで感傷に浸《ひた》っている暇はなかった。サイは投げられていた。ルビコン川を渡るしかない。

　そもそも子どものころから学校や組織、地域への帰属意識というものは希薄だった。理由は分からない。就職してからは二度の転職を経験した。だから「愛社精神」など育《はぐく》まれるはずがない。

　会社を辞めることは論説室の同僚だけでなく、古巣の運動部の人たちにも話さなかった。妻にも相談しないで自分ひとりで物事を決めているのに他人に話すなんて考えられない。ただ、人事の情報は本人の知らないところで拡散するのが常で、自分の異動先を同僚から教えてもらって初めて知るなんてこともあったくらいだ。

　しばらく経ってから会社の近くで運動部の元部下Tと出会った。どこから聞いたのか、「辞めるんですか。もう少し会社に残っていてくれたらいいのに」などと言われたが、「僕の人生なんだから、とやかく言われたくない」とは返さなかった。僕も分別《ふんべつ》のある大人であることが分かってもらえるだろうか。

東京オリンピック・パラリンピックが開催される予定だった２０２０年には定年の60歳を超えていて、論説委員ではなくなっている。「がんばれニッポン」的な原稿を書かなくてもいいことは分かっていたが、新聞記者としてやりたいと思ってもいなかったことまでやらせてもらったという気持ちはあった。

後任は運動部編集委員のMに決まったと聞いた。運動部時代、一緒に仕事をした。何度も呑みに行った。結婚パーティーの司会も引き受けてくれた。彼なら僕と違って人当たりもいいし、大丈夫だろう。

30年以上続いた新聞記者生活は終わろうとしていた。

あこがれの職業

大学には5年間いた。4年で卒業しなかったのは勉強（イタリア語）がしたかったからではなく、ラグビーを続けたかったからでもない。就職先が決まらなかったからだ。

4年生だった１９８０年秋、マスコミを目指し、入社試験の日程が重なっていないところを探して受験した。新聞社と放送局を手当たり次第に。下手な鉄砲も数撃ちゃ当たる、という気持ちだった。このマインドは今も変わっていない。実は東日本の地方紙からは内定をもらったが、全国紙で働きたいとの思いが捨てきれず、辞退した。

当時、就職活動の解禁、つまり企業訪問は10月1日スタートで、マスコミは11月に入社試験が行われていた。実際にはマスコミ以外の企業は10月以前に内定を出していて、そうやって就職していった先輩たちを知っている。青田《あおた》買いという言葉があった。

なぜ新聞記者を目指したのか。

僕の大学のラグビー部では毎年、現役学生がＯＢ訪問と称して卒業生を訪ねては寄付をもらい、夏合宿などの活動費用に充《あ》てていた。朝日新聞社と毎日新聞社に入社したＯＢのところにたまたま行ったのが新聞記者という仕事を意識するきっかけになったように思う。

５年生の夏、イングランド西部のブリストルでホームステイしながら外国人向けの英語学校に２カ月間通った。友達になった外国人から将来について聞かれ、「I want to be a journalist.」と答えたことを覚えている。

１９８１年８月末に帰国して二度目の就職活動を始めた。何を思ったか証券会社に願書を出して面接を受けた。試験官を納得させられる志望理由を説明できるはずもなく、当然不採用となった。四大証券会社の一角を占める会社だったが、後に不正会計（損失隠し）が発覚して自主廃業した。

複数のマスコミを受験して唯一内定をもらったのが読売新聞大阪本社だった。当時の読売新聞は同じ題字を掲げながら一括採用ではなく、東京、大阪、西部という本社ごとに採用していた。大阪の筆記試験が東京の１週間後だったことが幸いした。

　面接試験で仲良くなったふたりと通天閣《つうてんかく》南側の飛田《とびた》遊廓《ゆうかく》をひやかした後、場違いなスーツ姿で居酒屋に入った。カウンターで呑んでいた40代〜50代の男性が勘定を払わずに店外に出た瞬間、店主が「食い逃げや」と叫んだ。学生生活を過ごした東京とは異なる大阪の一端に触れた気がした。

　大阪読売の社会部は「反権力」「反差別」「戦争反対」を掲げ、独特の存在感があった。社会部長として指揮をとった黒田《くろだ》清《きよし》さんの名前をとって「黒田軍団」とも呼ばれていた。新聞記者が戦争を語り継ぐ長期連載だけでなく、毎年8月には大阪市内の百貨店で「戦争展」を開催していた。

　事件や事故の裏側で取材に奮闘する記者たちが実名で登場するドキュメント作品が新潮社や講談社などから刊行されていた。記者のメモなどを基に再現された本を読みながら現場に立ち会っているような気になった。同じころ現役の新聞記者であるラグビー部ＯＢの話を聞いていたこともあって、その時、自分もその一員になりたい、卒業したら新聞記者になろうと決めていたのではないかと思う。

学生時代に読んだ『ある中学生の死』『ＯＬ殺人事件』『ドキュメント新聞記者　三菱銀行事件の42時間』『武器輸出』『誘拐報道』などは転勤に伴う引っ越しの度に段ボール箱に詰めて運び、40年後の今でも自宅の本棚にある。

帯が破れてしまった『ドキュメント新聞記者』を取り出し、黒田さんが書いた「あとがきにかえて」を数十年ぶりに読み返した。見出しは「情緒によって本質を伝えたい」。新聞記者の仕事の特徴について黒田さんは「興奮と緊張に、日常的に直面することではないだろうか」と書いている。後年、僕はスポーツを取材する運動部で「興奮と緊張」の日々を送ることになる。

僕が大阪読売に入社して数年後、「黒田軍団」は「東京読売」によって解体され、黒田さんは社を去った。

二度の退職願い

読売新聞大阪本社での2週間の新入社員研修を終えて配属されたのは福山支局だった。当時人口35万人だった福山は広島県東部の都市で、日本鋼《にっぽんこう》管《かん》（後に川崎製鉄と経営統合して現在はＪＦＥ）の企業城下町でもあった。支局長、次長、記者4人（市役所担当、警察・司法担当）、カメラマン兼運転手ら計9人。警察担当として毎朝、警察署に顔を出しては広報担当の副署長から前夜の事件や事故の発生状況を取材するのが日課となった。

午前中は警察署の二階にある記者クラブで記事のスクラップをしたり、他社の先輩記者と雑談をしたり。午後になると街ダネと呼ばれる行事や話題などの取材に出かけたりして過ごした。

月に5、6回は支局での泊まり勤務があった。数時間おきに支局管内の警察署や消防署などに電話をかけ、事件や事故が発生しているかどうか取材するのだ。数時間の仮眠はとれるが、朝6時には起きて警戒電話をかけなければならない。

「使えない記者」だった。

特ダネをとるために不可欠と言われる「夜討ち早駆け」が嫌で嫌で仕方なかった。捜査員（警察官）の自宅を早朝もしくは夜中に訪ねては発表されていない捜査情報を聞き出すのだ。日ごろから信頼関係を作っておかなければ大事な情報を教えてくれるわけがない。これをサボっていた。2年間で2、3回だったと思う。

ある時は寝坊した。

建設会社からの収賄《しゅうわい》などの疑いで逮捕は時間の問題と言われていた福山市助役《じょやく》の自宅の張り込みを数日前から続けていた。初めて遅刻したその日、一緒に張り込みをしていた他社の記者が誰もいなかった。助役が警察に任意同行を求められたことが分かり、血の気が引いた。あわてて警察署に戻って記者クラブへの階段を上っている最中に逮捕された助役と鉢合わせをするもカメラを取り出せず、決定的瞬間を逃したのだ。ついていない時はとことんついていない。

元々覇気がなく、仕事がこれでは上司の覚えがめでたくなるわけがない。泊まり勤務をしていると、日付が変わったころ、隣接した住宅からM支局長が姿を現した。アルコールが入っていることが分かる。「なあ、落合君」で始まる話は必ず説教になった。こんなことが度々続き、新聞記者生活が嫌になっていった。会社を辞めたいと言うと、引き留められた。二度目は大阪の本社に呼び出され、支局を管轄《かんかつ》する地方部のYデスクに諭《さと》された。あの時、出来損ないの記者を見捨てなかったことに感謝している。

支局2年目の冬、小学生の男の子が誘拐され、遺体で発見されるという事件が起きた。本社の社会部からたくさんの記者が応援でやって来た。僕が原稿を書いた記憶はない。容疑者が逮捕された後、記者クラブを除名された。

誘拐事件が発生すると警察と記者クラブとの間に報道協定が結ばれる。警察は捜査情報を発表する代わりに報道各社は取材を自粛するという内容だが、実際には各社とも取材をする。解除後に取材を始めているようでは、いい紙面は作れない。

容疑者逮捕の翌日の紙面に報道協定解禁前に撮影した写真が掲載されることが分かり、読売新聞は３カ月間の記者クラブ除名処分となった。取材拠点であり、記者仲間との親睦の場でもあった記者クラブへの出入りを禁じられ、僕は警察の会見にも同席できなくなった。

他社の記者と行動することが多かった生活が一変した。こんな経験を経て、群れずにひとりで行動するようになっていった。

スポーツ記者に

記者クラブの除名処分が解ける直前の１９８４年４月、大津支局に異動した。琵琶湖《びわこ》を抱えた滋賀県の県庁所在地。県教育委員会の担当になり、教育、遺跡などの文化財、美術展などを取材した。グリコ・森永事件で名《めい》神《しん》高速道路のフェンスに取り付けられた目印の白い布を偶然見つけて撮影したこと、この事件に関連して焼身自殺した滋賀県警本部長の官舎の前で徹夜したことなどを覚えている。

可もなく不可もなくの2年が過ぎ、１９８６年4月、大阪本社の運動部へ。以後、通算20年以上になるスポーツ取材の始まりだった。高校野球、大学野球などのアマチュア野球担当として球場通いが始まった。

一番の思い出は春と夏の甲子園だ。夏は地方大会から取材した。組み合わせ表を見ながら、近畿だけでなく、泊まりがけで四国まで足を延ばした。朝起きて、予定していた大会が雨天中止になったことが分かると、電車を乗り継いで別の大会に駆け付けた。どの試合を取材するか、誰からも指示はなく、自分の判断に任されていた。

携帯電話もパソコンもない時代だった。球場近くの喫茶店に入って原稿用紙に記事をボールペンで手書きした。書き上げた原稿はファックスで送った。高校野球の取材を通じて僕はスポーツ記事の基本的な書き方を覚えた。

１９８６年の秋、今はなき通称・難波《なんば》球場を本拠地にしていた南海ホークス（現福岡ソフトバンクホークス）の担当になった。西武ライオンズの黄金時代で、かつては巨人と日本一を競った名門球団もパ・リーグのお荷物的存在になっていた。だからこそ僕みたいな新人スポーツ記者が担当になったのだと思う。

スポーツはエンターテインメント（娯楽）とされ、運動部では、目の前で展開される試合を面白おかしく、つまり「感動のドラマ」として再現できる記者が「できる記者」とされていた。入社5年目で念願かなって運動部に配属された僕も「できる記者」を目指した。

プロ野球はナイター取材が多い。勝敗を分けた場面をクローズアップして「読み物」を書き続けた。翌朝、他社の記者が書いた記事と比べ、ちょっとした表現の違いを見つけては、喜んだり、落ち込んだり。何と、お気楽な日々だったことか。

スタジアムの「中」のことであれば、逆転サヨナラであろうと、完全試合であろうと、何とかこなせるようになった。だが、「外」の出来事には無力だった。

スポーツ記者になって3年目の1988年秋、担当していた南海が大手スーパーのダイエーに売却されるというスクープをスポーツ新聞が報じた。親会社である南海電鉄の経営戦略の転換に伴う身売り話。大変なことが起きているらしいことは分かったが、核心や背景に迫るような記事は1行も書けなかった。あの時の悔しさと恥ずかしさは30年以上が経った今でも忘れられない。

スポーツがスポーツだけで完結することはない。スポーツは「社会の縮図」だ。政治とスポーツ、法律とスポーツ、経済とスポーツ、教育とスポーツ、芸術とスポーツ。それぞれが絡み合い、引き合い、影響を及ぼし合っている。スポーツを通して社会を考え、社会の中のスポーツについて考える。

スタジアムの「中」だけのことに没頭するのではなく、日ごろから「外」で起きていることにも興味と関心を持ち、「中」と「外」をつなげて考えることの重要性を自覚して取材するのはもうしばらく後のことになる。

二度目の転職

7年間勤めた読売新聞を辞め、月刊誌「トライアスロンJAPAN」を発行していた株式会社ランナーズ（現アールビーズ）に入ったのは1989年3月だった。大津支局時代に琵琶湖周辺を舞台にしたトライアスロン（スイム、バイク、ランをひとりでこなす複合競技）を取材したことがきっかけだった。自分もやりたくなり、レース用のバイク（自転車）を購入してトレーニングを始め、複数の大会にも出場していた。

トライアスロンJAPAN編集部に配属され、沖縄・宮古島、オーストラリア・ゴールドコースト、鳥取・皆生《かいけ》などの大会を取材した。新聞記者と違い、取材して記事を書くだけでなく、まず企画を立てることから始まり、カメラマンやデザイナーの手配、記事のタイトルや見出しを考えなければならない。つまり編集者に近い仕事であり、この経験は1年後に新聞記者に戻ってからも役に立った。

やがて、たった一つの競技（トライアスロン）だけでは飽き足りず、新聞記者が恋しくなってきた。付き合っていた女性と別れたが、顔を合わさないようになって初めて、その魅力に気づいたとでも言えばいいだろうか。

二度目の転職は１９９０年４月。僕は毎日新聞社に中途入社した。毎日は大学時代に受験したが、筆記試験で落ちていた。二度目の受験のころはバブル経済がはじける前で記者を大量に採用しており、31歳の僕は地方勤務記者として採用された。

赴任先は群馬県の前橋支局渋川駐在。「へその町」を掲げる渋川ではネタがあまりなく、ほぼ毎日、車を運転して前橋に通っていた。日航ジャンボ機墜落事故から7回忌に当たり、ある親子の御巣鷹山《おすたかやま》への慰霊《いれい》登山に同行したこと、自転車の世界選手権が前橋で開催され、地元の男子高校生が銀メダルを獲得したのを原稿にしたことが思い出だ。

支局員の原稿をチェックする次長のKさんにはお世話になった。ゴルフ場開発、外国人労働者、草津温泉のリゾート開発などをテーマにしたいろいろな連載企画を任せてもらった。この経験は記者人生の糧《かて》になった。

Kさんは自身のことを役職（次長）ではなく、名前で呼ぶようにと言っていた。理由は「いずれ役職は変わるから」。最初は違和感があったが、すぐになじんだ。僕が１９９８年に新潟支局の次長になった時、支局員に同じことを言った。

１年後、大阪本社管内の神戸支局に異動した。他本社から東京本社への異動希望を出す人に比べ、東京本社から他本社への異動を希望する人は少なく、神戸支局を第二希望にしていた僕は人事部にとっては都合がよかったのだと思う。

前橋支局が中小企業だとすれば、神戸支局は大企業という感じだった。20人以上いた支局員の担当は兵庫県警、司法、兵庫県庁、神戸市役所などと細かく分かれ、複数担当制だった。僕は特定の記者クラブに所属せず、自由に取材できる遊軍に振り分けられた。

ここでも僕は出会いに恵まれた。次長のHさんから神戸製鋼《こうべせいこう》ラグビー部の連載を打診されたのだ。地元に本拠地を置く神戸製鋼は当時、日本選手権３連覇中で、平尾誠二《ひらおせいじ》さん、大八木淳史《おおやぎあつし》さん、林敏之《はやしとしゆき》さんら日本代表選手も多く所属する人気チームだった。

他の取材を免除され、連載取材の専任となり、写真部神戸支局駐在の中村真一郎記者と連日グラウンドに通った。連載は１９９１年９月下旬から神戸製鋼が翌年1月15日の日本選手権で4連覇を達成するまで同時進行で計50回続いた。

向かうところ敵なしというチームの戦いぶりよりも運営方針に魅力を感じた。監督は置かず、主将を中心に部員たちが話し合って練習方法などを決めていく。全員が集まって練習するのは週3日。日中は他の社員と同じように仕事をこなし、勤務が終わってから練習グラウンドに向かう。「管理」ではなく、「自主自立」という言葉が似合うチームだった。

連載は大幅に加筆して１９９２年2月、『闘う男たち　神戸製鋼ラグビー部』のタイトルで世界文化社から出版することができた。１９８７年に第1回ワールドカップが開催されたとはいえ、プレーの対価として金銭や名声などを求めないという「アマチュアリズム」が根強かったラグビー界において書籍化は極めて珍しかった。

日本ラグビー協会からは連載開始前から「アマチュアリズムに従って、選手をスター扱いしないように」などと注文をつけられたが、出版は多くのラグビーファンから歓迎された。初版2万４０００部で5刷までいった。もらった印税は神戸支局で開催した出版記念パーティーなどに使った。

運動部に異動してからもラグビー担当として取材を続け、１９９６年１月に『男たちの挑戦』、１９９７年12月に『男たちの伝説』を同じ世界文化社から出版することができた。ラグビー部員とは連載後も付き合いは続いたが、平尾さんをはじめ何人かは亡くなってしまった。

大阪運動部へ

１９９３年４月の人事異動で神戸支局を離れた。新しい所属は大阪本社運動部。神戸支局時代に神戸製鋼ラグビー部を取材して出版したことが評価されたのだと思う。

その年の秋、プロ野球を担当することになり、神戸を本拠地とするオリックス・ブルーウェーブ（現オリックス・バファローズ）を引き継いだ。それまで３年連続３位の成績を残していたとはいえ、優勝からは見放されていた球団だった。

近鉄バファローズをリーグ優勝に導いた仰木《おおぎ》彬《あきら》さんを新監督に迎え、再スタートを切ったばかり。注目の若手を紹介する記事を書くことになり、僕は２軍にいた入団３年目の鈴木《すずき》一朗《いちろう》という選手を取り上げた。

鈴木選手は１９９４年の開幕前、仰木監督のアイデアでカタカナ名のイチローに改名する。レギュラーに抜擢《ばってき》されると、打席で右足を前後に移動する「振り子打法」によってヒットを量産する。打率は一時夢の４割に迫り、当時の日本新記録の年間２１０安打を記録した。イチロー人気に押され、観客動員も球団記録を大幅に更新した。

１９９５年１月17日、阪神・淡路大震災が発生する。神戸に住んでいた僕も激しい揺れに目が覚め、マンション倒壊の恐怖に襲われた。

オリックスは復興を目指す神戸のシンボルとしてシーズンを迎えた。開幕直前、チームのキャッチフレーズを「がんばろうＫＯＢＥ」に変更し、選手たちはそのフレーズをユニフォームの袖につけ、戦った。そして、王者西武を倒し、9月19日夜、独走でゴールテープを切った。オリックスとして初のパ・リーグ優勝だった。

マウンド付近で、仰木監督の胴上げが始まった時、僕は出来過ぎたドラマでも見ているような気になった。これは記録だけにとどまらず、震災で心も傷ついた人たちの記憶にも残る優勝になるだろうと思った。

日本シリーズでは野村克也監督率いるヤクルトに完敗したが、１９９６年もリーグ優勝を果たし、日本シリーズで松井秀喜がいた巨人を倒し、日本一になった。

オリックスを取材しながらラグビーも引き続き担当していた。

阪神・淡路大震災が発生したのは7連覇を達成した2日後だった。神戸製鋼は第三高炉の操業停止、神戸本社の倒壊という被害を受けた。埋め立て地にある練習グラウンドには亀裂が入り、液状化現象のため泥水が噴き出した。

始動は遅れ、部員たちの勤務地はバラバラになった。練習も分散して行わざるを得なかった。張り替えた芝生のグラウンドが使えるようになったのはシーズン開幕間近の9月下旬だった。

いくつもハンディを抱えながら、いつしか、「震災を言い訳にしたくない。こんな年だからこそ勝ちたい」がチームの合言葉になった。休日には、被災地の少年たちを対象にしたラグビー教室やチャリティー・フェスタなどを開き、その収益金を寄付するなどして震災復興にも尽くした。

担当記者として、そんな姿を見ていたからこそ、神戸製鋼には勝ってほしかった。心を揺さぶるような思いを見ている人たちにも伝えられると思った。記者としては、あるまじき思い入れだろう。だが、震災前から神戸に暮らしていた僕の正直な気持ちだった。

8連覇はならなかった。神戸製鋼は全国社会人大会の決勝トーナメント1回戦でサントリーと引き分け、トライ数の差で次に進めなかった。ノーサイドの後、左手で握っていた双眼鏡が汗で濡れていることに気づいた。

野球のオリックスとラグビーの神戸製鋼。同じ日に試合があり、大阪の近鉄花園ラグビー場で神戸製鋼の試合を取材した後、マイカーを運転してオリックスの試合がある神戸に駆け付けたこともあった。神戸に本拠地を置く二つのスポーツチームを同時に取材することができたことは幸せだった。

デスク稼業

5年間の大阪運動部生活を終え、1998年4月、僕は神戸を離れ、単身新潟に向かった。肩書きは新潟支局次長。支局員が書いてくる原稿をチェックして、直しを入れるために一日中、机と向き合っている必要があり、デスクと呼ばれている。

支局長からほぼ毎日、ランチに誘われるのは面倒だったが、20代の支局員と向き合う仕事は楽しかった。新潟県内の地場産業を記者が体験取材する「お仕事の森」をはじめ、教育や大学、喫茶店などをテーマにした企画を仕掛けた。

県内には１００を超える酒造会社があり、週末は車を運転して各地の酒蔵を訪ねては地酒を買って帰った。山登りをしたり、日帰りでスキーにも出かけたりした。居酒屋で知り合った地元の人に誘われ、ラグビーチームに入った。大学卒業以来、十数年ぶりに履くスパイク。試合前練習でアキレス腱を切断し、数日間入院して以来、楕円球に触れたことはない。

新潟生活は2年で終わり、２０００年5月、東京運動部に。副部長（デスク）のひとりとしてアマチュア野球担当を経て、日本体育協会・日本オリンピック委員会担当として２００４年アテネ五輪に向けた準備を始めた。

過去の五輪開催都市を記者が訪ね歩く年間企画「五輪の歩んだ道　巨大イベントの１０８年」で２００４年度ミズノスポーツライター賞の優秀賞（賞金50万円）に選ばれたことは思い出だ。この企画は五輪取材班キャップのT記者（現論説委員）がいなかったら実現しなかった。

東京運動部には２００５年3月まで5年間在籍した。7年ぶりの復帰となった大阪運動部では編集委員として取材現場に戻り、連載企画に専念した。高校野球の特待生問題をきっかけにスタートした年間企画「アスリート争奪」で２００７年度に再びミズノスポーツライター賞の優秀賞に選ばれた。

　連載企画重視の姿勢は、運動部員からは「ハコもの主義」と揶揄《やゆ》され、紙面改革に伴う文字の大型化で、生ニュースを重視する編集者からは「限られた紙面を圧迫して他の記事が入らない」として連載打ち切りを打診された。だが、引かなかった。

　スポーツ記者の醍醐味《だいごみ》は現場が目の前にあることだ。ただ、競技団体がアレンジしてくれた試合や大会の会場に出かけていって、勝ち負けを報道するだけではつまらない。球団売却などのようなスポーツを超える問題が起きた時、日ごろからグラウンドやスタジアムの「外」にアンテナを立てていなければ、真相に迫る記事は書けない。

『スポーツゼロ年代　激動の10年を追って』（毎日新聞運動部編、創文企画）は10年にわたって連載した企画「新しい波　スポーツ新世紀」などをまとめた1冊だ。大阪本社運動部長として書いたあとがきの一部を引用する。

政治部や経済部、文化部の記者にとって、スポーツは関心の外側にあるようだ。スポーツの現場に足を運んで感動や興奮を伝えながら、現状の分析、将来への課題を書いていくのは僕たちスポーツ記者しかいない。そんな使命感というか、気負いもある。幸い、目の前には手つかずの大地が広がっている。手をこまねいている場合ではない。

連載は一区切りついた。だが、これで終わりではない。テレビに加え、インターネットも参戦してきた今、新聞はどこに活路を見い出していくのか。読み捨てられる記事ではなく、時代を超えて読み継がれる記事、切り抜いて保管してもらえる記事、賞味期限の長い記事を書いていくしかない。

そのために、歴史を踏まえて、未来を見通す作業を続けていかねばと思っている。

論説委員

新聞記者として働き始めたころは、論説委員という職種があることを知らなかった。いつ知ったのか覚えていない。論説委員を目指して新聞社に入りたいという学生は果たしているのだろうか。

たまに編集委員と間違われる。社説を書くのが論説委員の仕事であり、編集委員は職制上、社説を書くことができない。掲載されるのは2面、3面、5面などと新聞社によって異なる。

新聞記者になってからも長い間、社説を読んだことがなかった。そもそも社説とは何か。時事問題について会社の意見、考えを主張する記事で、書き手の考えが色濃く反映されるコラムとは異なり、書いた人の署名は入れない。硬いテーマについて理詰めの文章が続き、読んで面白い、という類の記事ではないためか、新聞社の中でも読んでいるのは論説委員くらいしかいないとも言われている。

毎日新聞の場合、20人ほどの論説委員がいる。うち女性は３、４人しかおらず、日本における大半の組織のようにジェンダー・バランスはとれていない。取材歴30年前後の記者たちで平均年齢は50歳半ばくらい。よく言えばベテラン、別の言い方をすれば定年が視界に入っている人たちだ。

社説が出来上がる過程を説明する。正午のＮＨＫニュースが終わった後、皇居に臨むソファスペースに政治や経済、司法、教育、文化などを担当する論説委員が集まる。テーマ（１日２本）が決まると、担当の論説委員が問題の背景や書くべきことなどをプレゼンテーションする。その後、他の論説委員からの質問や意見などを踏まえて執筆する。

論説委員（大阪駐在）の辞令をもらったのは大阪運動部長を３年務め上げた２０１１年5月。最初に任された社説は、死者を出した焼き肉チェーン店の集団食中毒事件について。再発防止に向け、原因の徹底究明をしたうえで新たな規制強化策を厚生労働者に求めるという内容だ。新聞報道や厚労省が公開している資料などを参考に書き上げた。苦労した。

東京本社の論説室に異動した10月以降はスポーツ・体育の社説を任され

た。柔道指導者が練習中の事故で初めて刑事責任を問われ、罰金刑が科されたことを知り、手を挙げた。学校において柔道死亡事故が絶えず、毎年４人が亡くなっている事実を明らかにしながら、翌２０１２年度から中学校で実施される武道必修化に備え、安全対策の徹底を訴えた。

脳震盪《のうしんとう》、熱中症、セクハラなどスポーツの現場で見過ごされてきた問題に目を向けた。オリンピックで日本が何個のメダルを獲得するか、サッカー・ワールドカップで日本代表がどこまで勝ち上がるか、いわゆるトップスポーツには興味も関心もなかった。東京論説室に異動した際の挨拶《あいさつ》で「嫌いな言葉は夢と勇気と感動です」と話したことを覚えている。スポーツの熱狂から離れてスポーツのことを考えたかった。

僕が書かなくても誰かが書きそうなことには手を出さなかった。人と違うことがしたい。みんなが右に行くのなら僕は左に行く。そんな気持ちだった。

誰かと競争することを避けているのかもしれない。負けることを恐れているのかもしれない。別の言い方をすれば、どんなにおいしくても行列のできる店には並びたくない。自分だけが知っている店に行ってひとりで呑みたい。居酒屋の話になってしまったが、その気持ちは本屋になっても変わらない。

58歳で退職

55歳の誕生日を迎えて部長職待遇ではなくなり、給与が月数万円下がった。定年の60歳になると論説室から出なければならない。つまり論説委員ではいられなくなる。嘱託《しょくたく》記者として65歳まで再雇用される道は残されているものの、給与はさらに下がるうえに、どこの職場に回されるかも分からない。

65歳まで会社に残ったとして、2014年4月6日に生まれた息子はその時、まだ小学生。教育にはお金がかかる。僕が無収入になって妻に経済的な負担をかけるのは申し訳ない。

50歳くらいから走ることを始めていた。ハーフマラソン、フルマラソンはもちろん、ウルトラマラソン（柴又《しばまた》１００Ｋ）も何度か完走している。そのせいか心身ともに健康で、やせてはいないがお腹は出ていない。実年齢よりも若くみられることも多い（少し自慢）。アルコールを欠かした日はないにもかかわらずだ。

会社を辞めて新しいことを始めるのであれば元気なうちがいい。60歳まで勤めた場合、もらえる退職金の額を人事部に試算してもらい、2年遅らせてもほとんど増えないことが分かったことも、58歳での退職を思い切らせた。

論説室の送別会は3月30日に設定された。本屋開業に向けての準備に時間がほしかったため3月は10日間だけ出社して残りは有給休暇を取った。最後に掲載された原稿は朝刊1面の無署名コラム「余録」（2月27日付け）で、今の店の近所にある国産唯一のビニール傘店「ホワイトローズ」と社会学者、岸政彦《きしまさひこ》さんの『ビニール傘』（新潮社）についてだった。

論説室で開催された送別会でどんな挨拶をしたか、今となっては記憶にない。ひとりひとりが送る言葉を述べた中で、「本屋さん、絶対成功してほしい」と言ってくれたAさんのことは忘れないだろう。

午後10時過ぎ、送別会がお開きになって編集局のフロアを出ようとした時、新潟支局時代の後輩と出会った。彼女は外信部に異動した後、得意な中国語を生かして上海特派員を務めるなどして東京に戻ってきていた。「今日で最後ですか」と声をかけられ、「そう。じゃあまたね」と言ってエレベーターホールに向かった。

翌日、予約していたいつもの美容院に行って、生まれて初めて髪の毛を金色にしてもらった。金髪だ。ブリーチの段階で頭皮が焼けるほど熱くなった。街で髪の毛を染めた女性や男性を見かける度に思う。オシャレは我慢であり、忍耐のたまものでもあると。

JAP

第２章

本屋開業に向けて

「本屋は夢？」

新聞記者を辞めて本屋を始めるのは珍しい、ようだ。

取材する側から取材される側になって「本屋は（子どものころからの）夢だったんですか」と聞かれることが多い。「そうなんです。会社を辞めて、いつかはと思っていたんです」という答えを期待され、あるいは求められていると感じることがある。

新聞も本も活字を紙に印刷したものという点では共通している。紙のメディアだ。斜陽産業とはいえ、そこそこの給与が保証されている新聞社を辞めてまで、なぜ、もうからないと言われている本屋を始めるのか、理由を知りたいのだろう。僕が取材する側であれば同じ質問をする。

本に囲まれた空間で働いていた。論説委員時代、職場の机は積み重ねた本の柱によって埋まっていた。記者という仕事柄、資料用として本を買っていた。買い集めていたと言った方が正確かもしれない。購入先は主にアマゾンだったが。

自宅のリビングにも本棚が並んでいた。過去形なのは妻の要望に従い、引っ越しを機に自室（4畳半）に移さざるを得なかったから。そこで寝起きしている。地震が夜中にあったら崩れ落ちてくる本の下敷きになるのは間違いない。

18歳まで過ごした甲府の家は、文学全集はもちろん、本がほとんどなかった。２０１４年に亡くなった父は祖父から米作りを引き継ぎ、僕が小学生のころブドウやモモなどの果樹栽培に切り替えて生計を立てていた。

夜が明ける前から起きて畑に出て、日が暮れるとともに仕事を終えた。文字通り、朝から晩まで。働き者だった。だが、こんな生活では本を読んでいる余裕はない。

自慢できる読書体験もほとんどない。絵本の読み聞かせをしてもらったことはなく、中学、高校時代は読書感想文の課題図書（夏目《なつめ》漱石《そうせき》の『こころ』など）を仕方なく手にするだけ。大学に入って自由な時間が増え、角川書店から刊行されていた片岡義男《かたおかよしお》さんや森村誠一《もりむらせいいち》さんの文庫に夢中になった。おふたりの著書を読んだことによって僕の文章のスタイルは形成されたと思っている。

就職してからは休みもろくにない仕事だったため、本を手にすることはなくなった。40歳を過ぎて現場取材から離れてデスク業務に軸足が移るようになった2000年ごろから再び本を読む時間ができた。

新潟から東京に転勤した時期にあたり、池波正《いけなみしょう》太郎《たろう》さんの『鬼平犯科《おにへいはんか》帳《ちょう》』シリーズを手に舞台となった東京の街を歩き、それから司馬《しば》遼《りょう》太郎《たろう》さんの『街道をゆく』シリーズや歴史小説を読みあさった。

だから僕の読書体験に名作や古典、文学は含まれていない。

夢でもないにもかかわらず、退職後の仕事として「なぜ本屋を選んだのか」という質問もよく受ける。正直、自分自身もよく分からない。多くの人を納得させられる答えを持ち合わせていない。いろいろな人たちとの出会いがあってとしか答えられない。

僕が本屋を始めた理由より、僕が本屋を始めた方法を伝えることの方が意味あるのではないかと考えている。なぜではなく、どうやって。そのことをこの本には書きたい。

妻の反対

佐賀県出身の妻とは大阪のスタンディングバー（いわゆる立ち呑み屋）で知り合い、東日本大震災の翌日、２０１１年3月12日に佐賀で結婚式を挙げた。17歳下の彼女は、僕が定年の60歳を迎えた後はキャリアスタッフ（契約社員）として会社に残り、給料は下がってもいいから65歳まで働いてほしいと思っていた。今でもそう思っている。

僕が妻の立場であれば、同じことを考える。この年までお金のことはあまり考えなくてもいい世界に生きてきて、商売の経験は大学時代のデパ地下でのお惣菜販売くらい。無謀な転職だ。

２０１４年４月生まれの子どもは保育園に通っていた。彼が20歳になるまで、就職するまでの教育費はどうやって稼ぐのか。僕が会社を辞めてしまえば、看護師としてフルタイムで働く妻への負担が増すのは間違いない。65歳までは会社に残るとして、その後はどんな仕事が見つかるのか。日本経済新聞の特集「65歳からのお仕事図鑑」（２０２１年２月26日付け）によると、警備・交通誘導、コンビニ、介護、マンション管理人、ビルメンテナンス、電話事務などがシニア世代の採用が多い職種だが、そこで働く自分の姿が想像できない。

そもそも新聞記者はつぶしのきかない職業だ。小説や戯曲を書く才能、意欲があるわけでもなく、フリーランスの物書きとして稼ぐ自信は僕にはまったくない。

妻からすれば、夫から「元気なうちに新しい仕事を始めた方がいいと思う」と言われても、「だからと言って、なぜ本屋なのか」と問い返すしかない。本屋はもうからない仕事だと分かっている。街の本屋がなくなっているというニュースはもはやニュースではない。

話し合いが険悪な雰囲気になったのは一度や二度ではなかった。

当時のことを恐る恐る妻に尋ねると、「なんて自分勝手な人だと思った。分からないことをいろいろ聞いたら、『そんなこと僕だって分からない』とキレられた」という言葉が返ってきた。あの時はごめんさないと謝るしかない。

説得に時間を割くよりも、ずるいやり方だが、既成事実を積み重ねて納得してもらうしかないと考えた。開店に向けた準備を着実に進めて外堀を埋めることに専念し、しばらく本屋の話は封印した。

だが、話し合いを回避したままだと相手はもやもやしたものを抱え続けることになり、何かのきっかけで爆発する。

息子がベビーカーに乗っていたころ、妻も同行して、ある本屋に行くことになった。せっかちな僕は急ぎ足で店を目指した。ベビーカーを押す妻との距離は次第に離れ、振り返ると見えなくなってしまった。勝手にしろと

思いながら、構わず歩き続けた。目当ての本屋で用事を済ませ、妻のスマホに電話をしたが、出ない。

1時間ほどして近所で買い物をしていた妻を見つけた。その時の彼女の様子？　説明するまでもないだろう。自分勝手な行動を謝ったが、しばらく口を利いてもらえなかった。店を始めるまでは一事が万事、この調子だった。にもかかわらず、見守ってくれた（ように見えた）妻には感謝するしかない。

まともな話し合いを一度もしないまま、開店予定日の4月23日が近づいていたある日、妻がエプロンの話をし始めた。自分の仕事が休みの日に手伝いに入ることを想定して、従業員だと分かるように自分もエプロンをした方がいいということだった。僕が本屋をすることをようやく認めてくれたのかと思い、うれしかった。

開店して間もないころ、首都圏を中心に販売されている情報誌『OZ magazine』（スターツ出版）が創刊30周年記念号の特集「本の町さんぽ」で見開き数ページにわたって紹介してくれた。荻窪《おぎくぼ》の本屋 Title などと一緒に海のものとも山のものともつかないうちの本屋を。店の前で妻と子どもの３人でポーズをとる写真も掲載された。この時の妻は「太って見える」と言いながら、人気雑誌に掲載されたことが満更《まんざら》でもない様子だった。

以後も雑誌やネットなどで何度も取り上げられ、テレビで見かける俳優やタレント、モデルが撮影で来てくれた。掲載誌を渡すと、妻はうれしそうにページをめくっていた。納得してもらったと思い込んでいた。

２０２０年の冬、第４期決算報告書（２０１９年９月～２０２０年８月）が届いた。コロナ禍だったにもかかわらず、売り上げが前年より伸び、過去最高になっていることを話した。イベントの開催を簡単にあきらめなかったことと在庫が増えた結果でもあった。だが、妻からは予想外の言葉が返ってきた。

「私、本屋をやることに納得したわけじゃないからね」

確かに純利益が出ているとは言っても微々たる金額で、かろうじて赤字にはなっていないというのが実態だ。子どもの教育費に回せる金額ではない。気を緩めれば、いつ赤字に転落してもおかしくない。浮かれている場合ではないと思い知った。
外堀は埋まっていなかった。

本屋巡礼

本屋を始めるための準備に取りかかったのは２０１５年の春だった。この時点では開店の時期、店の名前、物件は決まっていない。

情報を求めてネット検索していたある日、本屋ライターの和氣《わき》正幸《まさゆき》さん（BOOKSHOP TRAVELLER代表）が運営するサイト「BOOKSHOP LOVER」にたどり着いた。本屋の店主のインタビュー記事やどこにどんな本屋があるのかが地図とともにアップされていて、僕にとっては水先案内人のような存在となった。双子のライオン堂（赤坂）の竹田信弥さんやREADAN DEAT（広島）の清政《せいまさ》光博《みつひろ》さんが店を構えるまでをたどった連載を読んだ。

２０１５年の手帳を開くと本屋訪問の記録が残っている。

9月29日（火）ブック・ダイバー、旅の本屋のまど、忘日舎、信愛書店
9月30日（水）マルノウチリーディングスタイル、
SUNNY BOY BOOKS、恭文堂書店
10月2日（金）Tweed Books
10月3日（土）忘日舎、盛林堂書房

２０１６年の手帳からも。

2月15日（月）古本雲波、古書七七舎
2月16日（火）PEOPLE BOOKSTORE
2月17日（水）古書コンコ堂
2月18日（木）流浪堂、BOOK AND SONS、
SUNNY BOY BOOKS、恭文堂書店、MOUNT ZINE

仕事の合間に、主に個人経営の店をピックアップしては古本、新刊問わず訪ねた。古本屋の比率が高い。２０１６年からは活版で〈２０１７年、「本屋」を始めます。〉と印刷した名刺を作った。店主に話を聞くのは本を買ってからにした。店主にしてみれば本を買ってくれた人を邪険にはできないだろうという思いもあった。

家賃、内装費などについても遠慮なく尋ねた。初対面にもかかわらず、ぶしつけで、あつかましい質問にも店主のみなさんは内心はともかく、嫌な顔を見せることなく、答えてくれた。「応援しますよ」と声をかけられることもあった。

トークイベントやブックフェアにも顔を出した。

京都・恵文社一乗寺《けいぶんしゃいちじょうじ》店の店長だった堀部篤史《ほりべあつし》さんが独立して新刊書店「誠光社《せいこうしゃ》」を始める直前、渋谷の本屋ＳＰＢＳ（SHIBUYA PUBLISHING & BOOKSELLERS）でのトークイベントにゲストとしてやって来た。この機会を逃してはいけないと思った。会場に一番乗りを果たし、質疑応答では真っ先に手を挙げ、店名の由来などを尋ねた。イベント後、新聞社の名刺を渡し、退職して本屋を始める予定であることを話した。その時、本の仕入れ先として、クレヨンハウスの関連会社である子どもの文化普及協会を勧められた。

　イベントの懇親会や打ち上げがあれば顔を出し、名刺を交換しながら、情報を集めた。

　双子のライオン堂の竹田さんに連れられて、出版業界の秘密結社「どむか」の定例会にも飛び入り参加した。大学教授や取《とり》次《つぎ》、出版社などさまざま人たちがメンバーで、アルコールを入れながらコアな話に耳を傾けた。毎回ほぼ終電で帰宅した。

　本屋に関係する本も買い集めた。気になるネットの記事は職場のプリンターでこっ

そり印刷してファイルにまとめた。人に会って話を聞き、イベントやブックフェアなどに出かけ、分からないことは調べる。振り返ると、開店までの約2年間は取材の日々でもあった。これと同じくらいの熱意をもって新聞記者時代を過ごしていれば、もう少し違った記事が書けたかもしれない。

古本から新刊へ

古本屋でもやってみるか、最初はそんな気持ちだった。

会社と自宅に合わせて１０００冊以上の蔵書があった。試しに、古本を段ボール箱に詰めて路上などで販売する「一箱古本市」にも何度か出店した。自分の手元になくても構わないような本を持って行ったが、売れなかった。自分にとって不要な本は他の人にとっても不要だろう。この時、本を買ってもらうことの難しさを知る。

京都の古書善行堂《ぜんこうどう》を訪ねた時のことだ。店主の山本善行《やまもとよしゆき》さんは初対面にもかかわらず、古本を買い取る際の値付けの目安を教えてくれた。お客さんが本を持ってきた場合、自分が売りたい値段の１割〜２割で買い取るのだという。

売れた場合の粗利《あらり》は８割〜９割だ。２割〜３割の新刊に比べ、利幅はとても大きい。その時はなるほどと納得はしたものの、いざ自分が買い取る立場になった時、売値がすぐに思い浮かぶだろうか。古本というのは経験を積んだ人たちが扱う商品であり、修業するには年を取り過ぎている僕みたいな人間が簡単に手を出せる領域ではないことが今になって分かる。

新刊であればもうけは少ないが、最初から値段が決まっているので値付けをする手間は省ける。面倒くさがり屋の僕は思う。古本屋でなくてよかったなと。

古本から新刊に転換した背景には、ある人との出会いがあった。

２０１５年10月、遅い夏休みを利用して妻の実家がある佐賀に帰省した。大分の由布院《ゆふいん》温泉に宿をとり、小石原《こいしわら》や小鹿田《おんた》の窯元《かまもと》を巡った。一番の目的は福岡の本屋ブックスキューブリックのオーナー、大井実《おおいみのる》さんを訪ねることだった。

大井さんは東京、大阪、イタリアなどでファッション関係のショーや現代美術の展覧会などの企画・制作に携わった後、故郷の福岡に戻り、39歳だった２００１年に新刊書店を始めた。アルバイト経験があるくらいで本屋は素人同然と言っていい。地元の本好きや商店主らを巻き込み、本を媒介に人と街がつながるイベント「ブックオカ」を立ち上げた。

大井さんが実行委員長を務める「ブックオカ」（後日、東京から日帰りで取材した）について話を聞いた後、「実は佐賀で古本屋を始めようと考えている」と切り出した。大井さんは好意的に受け止めてくれ、背中を押す言葉をかけてもらった。「本屋は文化的な商売で誰からも歓迎してもらえる」「本屋は街に名刺を出して商売しているようなもの」などなど。

そして、「本屋をやるならば古本よりも新刊がいい。新刊が置いてあった方が店に勢いが出る」と言ってくれた。この一言で僕は新刊を扱うことを決める。

東京に戻ってから無署名のコラムを書いた。毎日新聞朝刊１面下の「余録」で、２０１５年10月26日に掲載された。

「忘日舎」という街の本屋が東京・西荻窪に店を構えて間もなく1カ月となる。広さ5坪の店内には古本だけでなく新刊も並んでいる。店主の伊藤幸太さん（42）は「新しい出会いがあり、刺激をもらっている」と話す▲伊藤さんは昨年、４カ所の「一箱古本市」に参加した。段ボール箱に古本を詰めて路上で売るイベントで、一般的な古本市と違い、本好きであれば誰でも参加できる。伊藤さんは初めて本を売る体験を通してお客さんとつながっていく感触を得た▲「一箱古本市」は10年前、東京の谷中・根津・千駄木地区で「不忍ブックストリート」として始まった。発起人のひとりでライター兼編集者の南陀楼綾繁さん（48）によれば、店主だけでなく、お客さんも女性の比率が高いことが特徴だ▲近著「ほんほん本の旅あるき」（産業編集センター）で南陀楼さんは「本を軸に町を編集し直すイベント」と位置付ける。最近は人口減少などで商店街の空洞化に悩む地方都市を元気付ける手段としても注目され、全国各地で一年中、開催されるまでになっている▲福岡で開催中の「ブックオカ」は「不忍」を参考に２００６年に始まった。10回目の今年は本と本屋の将来を語り合う「車座トーク」や書店員らの交流会など約30ものイベントが予定されている。実行委員長の大井実さん（54）は「業界は暗い話題ばかりだが、楽しくやれば問題点はクリアできる」と話す▲出版不況を背景に街の本屋が姿を消している。一方で数は少ないが、伊藤さんのように「一箱古本市」を経て店舗を構えた人たちもいる。本の世界に新しい風が吹いている。

「忘日舎」の伊藤さんは未来の僕でもあった。

本をテーマにして書いた原稿はこれだけではない。２０１６年7月16日掲載の「余録」では、景気のいい話とは無縁の出版社を舞台にした漫画『重版未定』（川崎《かわさき》昌平《しょうへい》）、１０００部程度の出版事業も手掛ける誠光社の試みに触れ、「重版がかからないことを前提に、少ない売り上げでも成り立つ新たな仕組みを考える方が賢明ではないか」と結んだ。

本屋巡りはネタ探しの時間でもあった。

物件探し

店は浅草通りから南側に少し入った一方通行の路地にある。東京メトロ銀座線田原町駅から徒歩2分で、一度来てもらえれば迷うことはない。大通りに面していると、偶然通りかかった人たちが入ってくるだろう。お客さんが多いと、僕ひとりでは対応しきれないし、できるだけ静かな環境の方が本を選ぶにはいい。うちを目当てにわざわざやって来てくれる人の方が本を買ってくれる確率は高くなる。この場所でよかったと思っている。

いくつもの偶然が重なって今の場所にたどり着いた。

物件探しを始めたのは２０１６年の5月からだった。不動産会社で応対してくれた担当の女性が本好きだったこともあって、熱心に相談に乗ってくれた。自宅のある墨田区の曳舟《ひきふね》や東京スカイツリーが建つ押上《おしあげ》周辺を回った。時にはベビーカーにまだ小さかった息子を乗せて、浅草まで足を延ばしたこともあった。

物件探しにあたって近くに本屋があるかどうかなんて考えなかった。とにかく自宅に近いこと、できれば歩いて通える場所がよかった。わざわざ電車に乗らなければならないのであれば会社員時代と変わらない。

本を売るだけでなく、コーヒーやビールに加え、お菓子や軽食を提供するキッチンも必要であることを伝えていたため、スナックやバーなどの居抜き物件を紹介されたこともあった。でも、外から中が見えないと、なかなか入りにくい。

秋になって「自宅からは少し遠いですが」と言われて、今の店の近くの物件を紹介してもらった。縦長の物件で、突き当たりの部分に窓とキッチン、その横にトイレがあった。天井の高さは2m余り。全面開放の開口部にはシャッターが付いているだけ。両サイドの壁面に棚を配置してなどと出来上がりを想像した。内見《ないけん》した物件の中で一番よかったというか、悪い印象がなかったため、押さえてもらった。

正式契約を数日後に控え、近所の雰囲気を確かめたくなった。一方通行の路地を反対から歩いていると、シャッターが半分上がっている右手の物件に気づいた。倉庫のようだ。中をのぞいてみると、一階には何もなく、奥の方に中二階がついていることが分かった。

借りようとしていた物件の手前に喫茶店があり、コーヒーでも飲もうと扉を開けた。お客は僕以外にいない。自然と会話が始まり、お隣を借りる予定であることを告げると、70代の女性店主が言った。「お隣に倉庫があったでしょう。あれ賃貸物件で安いのよ。大家さんを知っているから、よかったら紹介してあげるわよ」。賃貸の倉庫というのは、シャッターが半分上がっている物件のことで、ご縁を感じ、お言葉に甘えることにした。

いったん喫茶店を閉め、その足で近所の大家さんのところに連れて行ってもらった。不動産会社に電話をすると、契約するつもりだった物件より家賃が数万円安いことが分かった。これといった特徴もないマンションの一階より、中二階のある空間に魅力を感じた。これを逃す手はない。即決だった。

昭和30年代半ばに材木倉庫として建てられ、職人たちが中二階で寝泊まりをしながら仕事をしていたらしいが、近年は駐車場や物置などとして使われていたことを後で知った。

もし契約前に近所の雰囲気を確かめに出かけていなかったら、もしシャッターが閉まっていて中が見えなかったら、もし喫茶店に入っていなかったら、もし他の客がいて店主と話をしていなかったら、もし店主が倉庫のことを教えてくれなかったら。

こうした偶然の積み重ねによって僕は本屋として生きている。歩いていれば、出会いは向こうからやって来る。犬（僕は戌《いぬ》年）も歩けば棒に当たるのだ。

リノベーション

物件は決まった。だが、このままでは本屋は始められない。築約60年、年月を経てコンクリートの床はあちこちに凹凸ができていた。中二階には木製のはしごがかかっているが、釘が緩んでぐらぐらするため、そのまま使うわけにはいかない。

全面的なリノベーションの必要性を感じて、思い浮かんだのが一級建築士の白井宏昌さん（Ｈ２Ｒアーキテクツ共同主宰）だった。

混乱と迷走の末、新国立競技場の整備計画が白紙撤回された後、２０１５年８月に国士舘大学世田谷キャンパスで開催された日本体育学会の取材に出かけた。その時、過去のオリンピックスタジアムについて研究発表したのが白井さんで、知り合いの研究者Ａさんに紹介された。２０１２年ロンドン五輪のオリンピックパークの設計に関わった経験を持っていて、後日土曜夕刊のインタビュー企画「スポーツを考える」で取材をしていた。

浅草橋の居酒屋に誘い、会社を辞めて本屋を始めることを打ち明けた。設計をお願いしたいと言うと、二つ返事で引き受けてくれた。後日、倉庫に足を運んでくれ、壁一面に天井まで延びる木の格子《こうし》を見て、「ここは本棚にしましょう」と言ってくれた。倉庫の隅々を眺めながら本屋のイメージを膨らませている姿はたのもしく見えた。

白井さんは当時、東京・池袋に事務所を構える一方で、滋賀県立大学で教鞭《きょうべん》をとっていた。改装作業は研究室に所属する3回生と4回生のワークショップという形で進めることになった。2017年1月、滋賀県彦根《ひこね》市にあるキャンパスに出向いて、学生たちと顔合わせをした。男子学生だけでなく、女子学生もふたりいた。

電気の配線、トイレやキッチンなどの水回り、二階への階段、全面ガラスの入口、一階床部分のコンクリートの流し込みなど資格などが必要となる作業は専門の業者にお願いした。

10人ほどの学生たちは春休みに入った3月下旬から浅草のカプセルホテルに2週間以上、泊まり込んで朝から晩まで作業に没頭した。建築を学ぶ

学生たちは授業の一環で既存の建物のリノベーション作業に携わることが度々あるらしく、みんな自前の作業服を持っていた。工具を巧みに扱うその姿はプロと見間違うほどだった。

　木材はホームセンターから調達した。カットしては塗装し、電動式のインパクトドライバーを使って壁に固定した。高さ４ｍ超の天井を白く塗装する際は組み上げた足場を使った。レジのカウンターとトイレの内装は女子学生がそれぞれ担当した。最も苦労したのは壁一面に差した棚板だった。格子は経年劣化のためことごとく横幅が異なり、一つずつ測ってからカットしなければならなかった。その数は１５０を超えた。

　設計に際して白井さんは学生たちからアイデアを募《つの》った。外壁や天井、梁《はり》などの色、階段の位置、棚の形状、入口の構造。決まってからでも現場で学生たちと時間をかけて話し合い、変更することもためらわなかった。そのため作業は深夜に及ぶこともあった。

　普段何気なく目にしている建築物にも作り手たちのさまざまな思いが込められていることを知った。建築には軸となる哲学のようなものが不可欠なのだ。

そんな状況で不器用な僕の出る幕はほとんどなかった。設計で唯一僕が要望したのは中二階の床を畳敷きにすることだった。当初は板を張ってテーブルと椅子を置く案もあったが、床に腰を下ろした方が天井との距離が生まれ、圧迫感が緩和されると思った。

学生たちには新幹線代と宿泊費の他、食費の一部を支払った。彼ら彼女たちは本屋を作ることを面白がってくれていたが、やりがいを搾取《さくしゅ》するようなことはしたくなかった。

作業終盤の3月31日午後、隅田川にかかる橋の下で雨と風に震えながら、宴会をしたことも思い出となっている。

店の名前

店の名前を考えてくれたのは佐賀在住のデザイナーの北島敬明《きたじまたかあき》さんだっ

た。

最初は妻の故郷である佐賀での本屋開業を考えていた。佐賀のことを知ろうと、D&DEPARTMENT PROJECTが発行する47都道府県トラベルガイドの佐賀号を買った。編集部が2カ月間暮らすように現地を旅して、本当に感動したものだけを「ロングライフデザイン」の視点で取り上げるというコンセプトの雑誌で、佐賀市内でギャラリー「PERHAPS」を運営する北島さんは「その土地のキーマン」のひとりとして紹介されていた。

これは北島さんに協力してもらうしかないと、メールアドレスを調べて連絡を取った。僕が「ＳＡＧＡ街の光プロジェクト」というタイトルをつけていたため、北島さんは最初、どこかの行政による、うさんくさい依頼だと思ったという。黒歴史のひとつだ。

佐賀に出向いて打ち合わせを重ねる中で、次第に信頼してくれるようになった。ある日、メールが来た。店名の提案で、Readin'Writin' BOOKSTOREとあった。本を売るだけでなく、新聞記者時代の経験を生かし、ライティングのレッスンをしたいことを伝えていた。僕の考えを端的な言葉で表現してくれたのだ。
北島さんには店名のロゴ、名刺、オリジナルポスターのデザイン、ホームページの作成をお願いした。本屋巡りの中であちこちに配っていた〈２０１７年、「本屋」を始めます。〉という名刺も北島さんのデザインだ。「しばらく東京にいたい」という妻のひと言で、佐賀での開店はなくなった。だが、お付き合いは今も続いていて、さが桜マラソン出場などで年2回、佐賀に行く度に北島さんのギャラリーを訪ねている。いつか呑みたいと思っている。

オリジナルポストカードなどメインビジュアルは兵庫県西宮市在住のイラストレーター竹田明日香さんにお願いした。ツイッターである画像を目にしたことがきっかけだった。本の中に入っていく女性を描いた作品で、赤い表紙に「The World That I do not Know.」という文字が入っていた。ひと目で気に入った。

本を読む行為は自分の知らない世界を知ろうとすることであり、新聞社しか知らない僕にとって本屋は未知の世界だ。作品からは二つのことが読み取れる。画像は北島さんの協力を得てオリジナルポスターにして販売している。

２０１７年2月、大阪であった先輩記者のお別れの会に出席した翌日、竹田さんと神戸で待ち合わせた。ランチをともにしながら、古本屋のワールドエンズ・ガーデン、１００３、ハニカムブックス、ちんき堂をはしごした。

竹田さんは朝日新聞社でデザインの仕事をしていた。記者の取材に同行してイラストを描くこともあったという。現在はフリーで、挿絵や装画などの仕事をしている。『王子様はどこへ消えた?』（北条かや著、青春文庫）の表紙イラストは竹田さんの作品だ。

形容する適切な言葉が見つからず、もどかしいが、マリー・ローランサンを彷彿《ほうふつ》とさせる竹田さんの描く女性が好きで、本を読むことをモチーフにした周年記念の限定ブックカバーの作成も依頼している。いつか僕の店で個展を開催してほしいと思っている。

キョンキョン

Readin' Writin' BOOKSTORE の店主兼従業員である僕にはもう一つ肩書きがある。株式会社 SLOW MEDIA TOKYO 代表取締役だ。

個人事業主ではなく、あえて会社組織にしたのは社会的な信用を得られやすいと知ったのと、売り上げの柱は複数あった方がいいと思ったためだ。２０１７年２月設立、資本金１０００万円、社員は僕ひとりだけという弱小法人の定款《ていかん》には、書籍・古書・雑貨・玩具・中古レコードの販売の他、出版物の制作、飲食業、ワークショップの企画・運営、ギャラリー、レンタルスペースという項目が並んでいる。

起業までの道のりを振り返ってみよう。

開店１年前の２０１６年４月24日（日）、僕はＪＲ秋葉原《あきはばら》駅に降り立った。東京都中小企業振興公社が運営するＴＯＫＹＯ起業塾の入門コースを受講するためだ。「起業という生き方、お伝えします。」というキャッチフレーズで、起業家の体験談や「起業アイデアが湧いてくる！　ビジネス発想トレーニング」と題する講演などがあり、２日間（初日の23日は欠席）の日程で受講料は３０００円だった。

5月からは実践コースに通った。土曜日の午前10時から休憩をはさみ、午後4時半まで。受講料は計5回で1万２０００円。起業する、つまり会社を作るためには知らなければならないことがたくさんあると思い、申し込むのに迷いはなかった。

起業に必要なノウハウの取得を目的に掲げ、利益計画や資金計画、ソーシャルメディアの活用法などを学び、中身のある事業計画書が作れるようになる、らしい。

会社を成功させるためには「私が欲しい」だけではダメで、お客さんが「欲しい」と思うサービスや製品を提供する必要性を繰り返し説かれた。顧客ニーズの把握だ。ターゲットにしようとしている人の性別、年代、仕事、住まい、休日の過ごし方、趣味などのライフスタイルを妄想するのは楽しい作業でもあった。

本屋巡りだけでなく、一般の人たちが雑貨などを販売するマーケットを見て回っているうちに気づいたことがあった。売っている人（恐らく作っている人）、買いに来ている人のほとんどは女性だった。可処分所得が男性より一般的には低いにもかかわらず、趣味や嗜好《しこう》の世界のものに対してお金を使うのは女性の方が多い、というのが本屋を始めてみての僕の実感だ。

経済を回しているのは女性ではないか。ならば僕が始めようとしている本屋も女性が来てくれるような店にしないといけない。女性が来てくれれば一緒に男性も来てくれるのではないか。女性が来ないような店には男性も来てくれないのではないか。

講師から具体的なひとり（ペルソナ）を思い浮べるようにと言われ、たどり着いたのが小泉今日子さんだった。俳優、ミュージシャンとして活動するかたわら、自ら本を書いたり、全国紙の書評欄を担当したりするなど大人の「文化系女子」の代表のような存在だと思えた。

ヒアリングの宿題もあった。自分の考えているビジネスが本当に価値があるのか、ターゲットと想定する人に聞き、思い違いがあれば修正するという課題だった。

物件探しを依頼した不動産会社の担当者が20代の女性で本好きでもあったことから、協力してもらった。結果は

▼店主の好みが棚に反映されている店に行く

▼ジャケ買いする（装幀で買う）

▼本を買う時は友人のツイッターやブログなどを参考にしている

▼書評はお金をもらって書いているので見ない

▼体験したことがないこと、体験できないことが書いてある本を買う

最終日の講義は中小企業診断士による失敗事例の研究だった。1年ももたなかった事例、最初はよかったものの後が続かなかった事例、環境の変化への対応を失敗した事例、お客を大切にしなかった事例、フランチャイズ加盟での失敗事例が紹介された。

続かなかった原因は①お金がなくなった、支払えない、②人がいなくな

った（従業員が逃げた）、③意欲がなくなった（やる気が失せた）、④お客がつかない（売り上げが上がらない）だった。

廃業率のデータが印象に残っている。30％が1年目、60％が5年目、75％が10年目、30年目が99・8％。つまり、起業したはいいものの、1年以内に3割、5年以内には6割の会社が消えてしまう。10年続くのは4分の1に過ぎず、30年後まで生き残れる企業はほとんどいない。

僕が代表取締役を務める株式会社SLOW MEDIA TOKYOはいつまで続くのか。とりあえず２０２２年4月23日に開店5周年を迎えられることを目標にしている。

机上のプラン

1. 文系女子の好奇心を刺激する場所
2. 子ども連れやお年寄りが気軽に立ち寄ることができ、長居できる場所

3. 浅草を訪れた外国人観光客が立ち寄ってくれる場所
4. 本を媒介として人と人、人と地域がつながる場所
5. 子どもたちの心に残っていく場所
6. 大衆芸能の発信地、浅草の歴史を踏まえた場所
7. ものづくりを生業とする浅草の人たちが集う場所
8. お客さんの声に耳を傾け、自分自身の変化にも応じて日々流動する場所
9. 流行は追いかけないが、時代の動きには敏感な場所

以上はオープン前、「２０１７年春、浅草に本屋をつくります！」という表題で、Ａ４サイズ２枚にまとめた文章に書き出した９つのコンセプトだ。気負った表現が並ぶ。読み返すと恥ずかしい。だが、その時は本当にそう思っていた。文章は取引先などに挨拶する際に持参して自己紹介代わりに手渡した。

表題に続けて書いた。

「いい街にはいい本屋がある」とエッセイストでCOW BOOKS代表の松浦《まつうら》弥太郎《やたろう》さんは著書『この店、あの場所』（マガジンハウス）に書いている。言い換えるなら、「いい本屋」があることが「いい街」の条件かもしれない。

全文は店のＨＰ（readinwritin.net）に掲載している。

ＴＯＫＹＯ起業塾が主宰する実践コースを終え、修了証書はもらったものの、事業計画書は書かなかった。正確には書けなかった。月間の売り上げ計画のようなものは作ってみた。でも、あくまでもシミュレーションでしかない。

オープン約１カ月前に改訂した月間目標売り上げ（営業25日間）を書き出した文書が残っている。内訳は左のとおりだ。

新刊&既刊の93万７５００円は単価１５００円の本を１日平均25冊売り上げないと達成できない。１カ月にすると６２５冊。実際、５００冊以上売り上げた月は何度かあるものの、６００冊に届いたことはない。

書籍	¥1,037,500	
	新刊＆既刊 ¥937,500	古書 ¥100,000
雑貨	¥362,500	
	文房具 ¥200,000	ポスター ¥112,500
	ポストカード ¥50,000	
カフェ	¥350,000	
	コーヒー ¥200,000	スイーツ ¥75,000
	清涼飲料水 ¥75,000	
その他	¥190,000	
	文章教室 ¥100,000	イベント ¥40,000
	ワークショップ＆展示 ¥50,000	
		合計　¥1,940,000

商売の経験がない中で頭を絞りに絞った結果だが、身のほど知らずというか、すべてが荒唐無稽《こうとうむけい》というしかない。

Ａ４サイズ２枚の「２０１７年春、浅草に本屋をつくります！」を書くに際し、トークイベント後の懇親会で知り合った荻窪の本屋Title（２０１６年１月オープン）の辻山《つじやま》良雄《よしお》さんから送ってもらった事業計画書がとても役に立った。

「小さな、新しい本屋のかたち」と題した16ページの文書は①事業責任者、②出店場所、③店舗基本データ、④店舗図面、⑤本屋コンセプト、⑥初回発注イメージ、⑦カフェ提供メニュー、⑧店舗デザイン、⑨ウェブページ／イラストレーション／用度品、⑩その他事業という10の柱立てになっていた。詳細な説明に加え、必要に応じて写真、図面、地図が挟み込まれていて、具体的なイメージが浮かびやすい。

いいと思ったところはできる限り真似をしようとしてみたが、自分がどんな本屋をやりたいのか明確になっていない状態では限界があった。

そんなころ浅草で飲食店を経営するSさんの紹介で建築家の佐々木《ささき》善樹《よしき》

さんと出会った。著書『家は買うものでなくつくるものでもなく育てるもの』（エクスナレッジ）で佐々木さんは、家はどこかの段階で完成するものではなく、その家で暮らす人が時の流れの中で日々成長し老化し、変化していくものだと書いていた。そのためには「育てる」という感覚を持つことが大切で未来への可能性を残した未完成な家が理想だと。

　理想の形に固執《こしつ》しないで変化に対応していく。これは新聞記者にもあてはまる。スポーツを取材していたころ、試合の流れを予測して原稿を書きつつ、想定外のことが起こった場合でもあわてずに書き換える作業を繰り返していた。

　理想の「本屋のかたち」など持たなくてもいい。お客さんの声に耳を傾け、自分自身の変化に応じて本屋づくりのプロセスを楽しみながら、それを続けることができればいいのではないか。いつまで経っても完成することのない、つまり常に未完成な本屋でいいのではないか。

　以上は何事も一歩踏み出してから考えることが多い僕の言い訳でもある。

第3章

どんな本屋か

ベストセラーは置かない

２０２０年12月４日の金曜日、全国の書店にはレジ待ちの行列ができたそうだ。一日で３０００冊以上を販売した店もあったという。僕の店の全在庫の７割近い冊数だ。翌日の産経新聞には「５歳の娘のために14軒のコンビニを回ったが買えなかった」という男性のコメントが掲載されていた。

この日は『鬼滅《きめつ》の刃《やいば》』（集英社）の最終巻の発売日だった。

僕の店にも、スマホを手にした男性がドアを開けるなり、「漫画ありますか？」と言いながらやって来た。お目当ての『鬼滅の刃』がないことを告げてから、在庫がありそうな近所にある二つのチェーン店を教えてあげた。

大型書店やコンビニなどで買える本や雑誌などを置かないことは店を始める前から決めていた。メディアが取り上げる芥川賞や直木賞、あるいは本屋大賞に選出された本も仕入れない。著名な作家や目利きの書店員が多くの本の中から時間をかけて選んでいることは分かっている。多くの読者が手に取って読むに値する作品であることは間違いなく、ケチをつけるつもりはまったくない。

　そもそも、いわゆる売れ筋の本は、うちのような店が1冊注文したとしても「品切れ」を理由に回って来ない。韓国のフェミニズム小説を翻訳して筑摩書房が出版した本が入荷するまで、注文してから4カ月くらいかかった。

　大型書店がたくさん売りたい、もしくはたくさん売れる本をうちが並べても仕方がない。品ぞろえを見て真似をしても面白くない。真似をしたとしても14坪くらいの店では薄っぺらな品ぞろえになるのは明らかで、所詮はミニチュアでしかない。わざわざうちの店に足を運んでくれる人も面白くないのではないだろうか。

　ごくたまに出版社の営業担当者が来てくれる。カバンの中からチラシを取り出し、「これ○△□書店で売れています。重版がかかりました」などと言って勧めてくれる。営業トークのフォーマットでもあるのだろうか。「ありがとうございます」と言いながら受け取るが、注文したことはない。わざわざ来てくれたというのに、ごめんなさい。

　あるチェーン店の店長は週末の新聞でどんな本の書評が掲載されるかという情報を事前に入手して仕入れをするのだという。新聞の書評を参考に本を買う人がいる以上、当然の対応なのだろうが、僕は真似しようとは思わない。迅速な仕入れができたとしても、したくない。長く続けることはできないような気がする。

　だから、メディアで紹介されて、話題になっている本を求めて来店する人たちの期待に応えるのは難しい。失望させてしまう可能性が高い。それよりも、知らなかった本と出会える本屋でありたい。思いがけない出会いのある本屋。つまり出会い系の本屋。本に詳しい知り合いの言葉を借りるならば「出合い頭の衝突」をどれだけ引き起こすことができるか。そして本を買ってもらえれば言うことはない。

　時代の変化には敏感でいたいが、流行は追いかけない。

「鬼滅デー」は静かな一日だった。レジ待ちの行列はできなかった。閉店30分前の時点でお買い上げいただいたのは『ニッケル・ボーイズ』（早川書房）の1冊だけだった。ドリンクの売り上げもあったので、こんな日もあると自分を納得させていたところ、近所の会社で働く30代の女性が「こんにちは」と言いながら入って来た。いつも閉店間際にやって来ては本を買って会社に戻っていく。

店内を一巡してカウンターに持ってきたのは『迷うことについて』（左《さ》右《ゆう》社）、『侍女の物語』（ハヤカワepi文庫）、『ブルースだってただの唄』（ちくま文庫）の3冊。彼女らしい組み合わせだと思った。

いつものように会計をしながら話していると、この日を最後に退職するのでこれまでのようには来ることができなくなるという。住まいの最寄り駅を尋ね、その沿線に知り合いが開いた本屋があることを教えてあげた。

選書の基準

店に入って棚を見ないうちから「どんなコンセプトですか」と聞かれることがある。いわゆる普通の本屋とは異なる雰囲気を感じるのだろうか。「見れば分かるだろう」という心の声を発する代わりに「どうぞご覧ください」と笑顔で応じている。

本がたくさん売れて気持ちが穏やかな時は、自分が「気になる本」もしくは「読みたい本」を仕入れているだけです、などと説明している。ジャンルはフェミニズム、ジェンダー、移民、差別、戦争、東京、言葉、日本語、メディア、食、歴史、海外文学、韓国、台湾、中国、絵本、漫画、建築、

映画、音楽、演芸などなど。三百数十冊しかなかったオープン当初に比べると、在庫とともにジャンルは増えた。

1年目は「絵本の店」とみられていた。中二階で絵本を面出しして並べていたためだろう。雑誌の絵本屋さん特集で名だたる店と並んで紹介されたことが何度かある。詳しくもないのにお薦めの絵本を紹介したことも、恥ずかしい思い出のひとつだ。今は絵本の比重が下がり、「絵本の店」と言われることはなくなった。

「店にある本は読んでいるのか」と聞かれることもある。「ご冗談でしょう、お客さん」。これも心の声。読んでから決めていたら、仕入れなんてできない。在庫は増えない。つまり商売にならない。読まずに仕入れている。

選書の判断基準はテーマ、著者、出版社、装幀。本屋巡りの最中に参加したあるトークイベントで京都の個人書店「誠光社」の堀部篤史さんがそう話していた。いいと思ったことはすぐ真似、いや採用している。自分で本屋を始めてからは出版社を編集者に置き換えて仕入れをするかどうか判断するようになった。Tさん、Kさん、Sさん、Yさん……。数人の顔が浮かぶ。ひとり出版社は分かりやすい。Kさん、Sさん、Mさん。

すべての魚を味見している魚屋はいないだろう。すべての肉を味見している肉屋はいないだろう。すべての野菜を味見している八百屋はいないだろう。産地、仕入れ先、作り手、見た目、鮮度などを勘案して総合的に判断しているに違いない。

だから店は積読《つんどく》本の集積でもある。

『積読こそが完全な読書術である』（イースト・プレス）の著者で書評家の永《なが》田《た》希《のぞみ》さんは、書物は「読まれるために在る」と同時に「保存され保管される」特質もあるという。自分だけの「自律的な積読環境」をつくることの有効性を説き、水草が生え、メダカなどの魚が泳ぐ「ビオトープ」（小さな生態系のある場所）に喩《たと》える。少しずつ手入れし、新陳代謝しつつ、サステイナブル（持続可能）になるイメージだという。

２０２０年12月12日付け朝日新聞朝刊の「耕論」に掲載された永田さんの記事を読んで、これは自分の店のことだと感じた。棚は僕の興味と関心そのものであり、生まれてから今に至る、その時々の時間軸が交錯している。

実生活でも積読派の僕はタイトルにひかれ、『積読こそが完全な読書術である』を仕入れていた。読んだかって？　もちろん、読んでいない、まだ。

本は装幀が命

本屋を始めてみて気づいた。本にはプレゼント、贈り物としての需要があることに。今さらではあるが、気づきに遅いということはない。

自分が本をプレゼントとして選んだことがないので分からなかった。実際、年配の方が孫のために絵本を購入する例は少なくない。他にも卒業祝いに就職祝いに結婚祝いに出産祝いに入学祝いに……。本をもらった場合、内容はページを開いてみるまで分からない。だが、包装を開けたり、袋から取り出したりする時、真っ先に目にする表紙（装幀）の印象は大きい。「ジャケ買い」という言葉があるほどだから本は装幀が命だ（歯磨き粉のＣＭではない）。

「テーマ、著者、出版社、装幀」を選書の判断基準として挙げた堀部篤史さんの話を聞いてから、僕も選書の際に装幀を大事にしている。

雑誌『STANDART』（Standart Japan）は毎号楽しみにしている1冊だ。コーヒーカルチャーについて社会的文化的、ジャーナリスティックな視点でアプローチした季刊誌で、２０１７年、２０１８年、２０１９年と3年連続でベスト・コーヒー・マガジン賞を受賞している。両国国技館に近い路地裏のカフェ&ロースターで一目ぼれして以来、直接取引で仕入れている。日本版編集長の室本《むろもと》寿和《としかず》さんをゲストにトークイベントを開催したこともある。

表紙のイラストは毎号異なるが、世界観は統一されている、ように感じる。ウクライナの女性イラストレーターが担当した5号は、ドリップされたコーヒーを飲みながら読書する女性が赤一色の表紙に描かれている。一

番のお気に入りだ（現在、表紙はイラストではなく、写真になっている）。

　リアルな本と電子書籍との決定的な違いは手に取ってみることができ、インテリアにもなり得る点。その場合、装幀はモノとしての価値があるかどうかを判断する基準になる。

　読み終わった後、装幀も気に入った本であれば、本棚にしまわずに、机の上に置いたり、リビングや玄関、廊下などに飾ったりしてもいい。とりわけ絵本には装幀がいいものが多い。オープンしてしばらく中二階の棚に絵本の表紙を前にして並べていた時期があった。正面のガラスを通して店の外からでも見ることができた。素敵な光景だった。

すべての本の表紙を見せたいが、スペースの制約があって、それができるのは一部だけ。ほとんどの本は背表紙しか見えない棚挿《たなざ》しとなる。

思い出した。

数年前、二子《ふたこ》玉川《たまがわ》の蔦屋《つたや》家電で、文庫を木製の額に入れた「文額《ぶんがく》」という商品を見かけた。文庫は新刊ではなく、古本。額に収められた本は絵画のようで、モノとしての価値が一層増したように感じた。本の装幀を生かしたアートだった。自分の部屋に飾って楽しむもよし、大切な人に贈ってもよし。中の本は入れ替えることもできる。電子書籍ではこうはいかない。

創業１００年を超える神田神保町の洋古書店「北沢書店」は最近、古い洋書をディスプレーとして提案するサービスを始めた。題して「Display Books」。飾る場所はモデルルーム、ショップの内装、展示会、舞台のセットなど。もはや美術品、工芸品の域に達した装幀を生かした古書の新たな活用方法だ。

ところで本には贈り物としての需要があると書きながら、僕の店には包装紙がないのでラッピングができない。その代わりに店名をスタンプした無地の紙袋に本を入れ、「Especially For You」や「Gift for you」などのシールを貼ってお渡ししている。これは店の装幀と言えないこともない。

賞味期限

本は委託ではなく、買い取りで仕入れている。だから返品はできない。ひとりで店を回しているので返品作業に時間を取られたくないためでもある。強がりではない。

返品不可の買い取りで、作家の落合恵子《おちあいけいこ》さんが始めたクレヨンハウスの関連会社である子どもの文化普及協会、神田の八木書店、注文出荷制のトランスビューなどから仕入れをしている。意志を持って仕入れて棚に並べているのだから、売れないからと言って倉庫に戻してしまうのではなく、お客さんに届けたい（買ってもらいたい）。

買い取りの方が委託よりも利益率がいい。例えば、１０００円の本が売れた場合、買い取りは３００円、委託は２００円の利益が出る（消費税は別）。仕入れの掛け率０・７と０・８の違いは金額にすれば１００円に過ぎないが、１・５倍と考えれば小さくない。これも堀部さんから教えてもらった。

取次を介さないで直接取引をしている出版社もいくつかある。納品が早いのと掛け率がいいからだ。だが、買い取り、委託とも同じ掛け率を提示してくるところがある。うちのような小さな本屋は相手にしたくないのか、少ない冊数が面倒くさいのか、それとも社内のルールなのか。そういう出版社とは取引をしようとは思わない。

返品はできないので、買ってもらわないと棚に残り続けることになる。開店時に仕入れて今も在庫になっている本は少なからずある。

長期間にわたって売れ残った商品のことを「不稼働《ふかどう》在庫」と呼ぶのだそうだ。首都圏でチェーン展開する新刊書店の店長によると、３カ月、６カ月、１年などの目安で「稼働」していない在庫を抜き取り、返品するのだという。

棚は無限ではない。新刊を仕入れるのであれば当然、何かを抜かなければならない。まったく動かない（売れない）本を抱えておくくらいなら返品して、売れ筋、上位ランキング銘柄と入れ替えて棚を回転させた方がいい、というのは業界の常識なのだろう。

大手もしくはチェーン店が本を次から次へと返品してくれるからこそ、うちのような本屋は成り立っている。お客さんから「この店には知らない本や大きい本屋さんにはない本がある」と言われることがある。

うちの在庫約５０００冊は主に、大きな書店の棚に一度は並べられながら一定期間、「動かない」という理由で抜かれ、お客さんと出会えなかった本で構成されている。出版から時間が経過している既刊本だ。では、動かなかった本が「読むに値しない本」「出版されない方がよかった本」なのだろうか。

新刊だけでなく、取次に返品された膨大な本の中から「読んでみたい本」「気になる本」を選んで仕入れているだけであって、そこにコンセプトと誇れるようなものはない。

ただし買い取りであるため、興味をひかれても賞味期限の短い本や雑誌は避ける。仕入れてから半年後、1年後、3年後も「読む価値があると思う本」「買ってもらえると思う本」を選んでいる。これは賭けみたいなもので、負けも覚悟している。

芥川賞や直木賞などのニュースに即応して平積み展開する本屋を「FAST MEDIA」、返品できない代わりにロングセラーに軸足を置くうちのような本屋を「SLOW MEDIA」と定義してみる。どちらが優れていて、どちらが劣っているという話ではない。両者は対立・競合ではなく、共存・補完の関係にあると都合よく解釈している。

仕入れに関する限り、本屋は肉屋、魚屋、八百屋と変わらない商売だ。鮮度が勝負の肉屋や魚屋、八百屋と本屋との違いは商品が日持ちすること、時間が経過しても腐らないこと、つまり賞味期限が長いこと。
だから僕の店は乾物《かんぶつ》屋でもある。

毎日が選書

土曜日と日曜日はコンビニに新聞5紙（朝日新聞、産経新聞、東京新聞、日本経済新聞、読売新聞）を買いに行く。退職後も引き続き自宅で購読している毎日新聞を含めて書評をチェックするためだ。

ＳＮＳ、特にツイッターも情報源として欠かせない。フォローしている個人経営の本屋で入荷情報を画像付きでツイートしているところがいくつかあり、仕入れの参考にしている。YATO（両国）、本屋イトマイ（板橋）、**REBELLE BOOKS**（高崎）、本屋lighthouse（幕張）、ポルベニールブックストア（大船）など。店主とはいずれも面識があり、ツイートを見る限り政治的な立ち位置も近い。店を訪ねたりすることは滅多にないが、同じ本屋を生業とする同志的存在でもある。

刊行情報を毎月郵送してくれる出版社もある。岩波書店、平凡社、早川書房、誠文堂新光社、偕成《かいせい》社、金の星社、新評論など。注文出荷制のトランスビューからは加盟出版社の刊行情報が毎月届く。各出版社のチラシをビニール袋に入れて全国各地の書店にダイレクトメールで送る作業は封《ふう》入《にゅう》大会と呼ばれ、僕も本屋開業前から足を運んでいた。

当然、これだけですべての刊行情報をチェックすることはできない。漏れはある。総務省統計局によると、２０１７年の総出版数は７万５４１２冊で、１カ月６２８４冊、１日２０９冊となる。すべてに目を通すことはできない。そんなことをしていたら何もできない。

取捨選択してくれるフィルターがあった方がいい。それは信頼できる人であったり、媒体や組織であったりする。具体的には新聞などの書評やＳＮＳなどで、ふるいにかけられた情報を見て仕入れるかどうかを決めている。

この世に生を享《う》けて60年余り、たくさんの人たちと仕事で、プライベートで出会ってきた。それでもご縁のなかった人たちが世界中にいる。別の道を選んでいたら別の出会いがあり、その中に「運命の人」がいたかもしれない。でも、選ばなかった道のことなど考えても仕方がない。

本との出会いも同じだ。漏れはあっていい。欲をかいてはいけない。

話を戻す。気になる本、読みたい本を見つけると、ノートに書き留める。タイトル、出版社、値段（本体価格）。それをエクセルに入力する。ほぼ毎日、この作業の繰り返し。日付も入っているのでノートを見れば自分の興味と関心がどう変遷してきたかが分かる。

仕入先によっては９７８－４から始まる13ケタの数字が並ぶＩＳＢＮコードが注文時に必要となる。日本語では国際標準図書番号と言い、本の裏表紙に印刷されている。これを調べる時に頼りになるのが、リアルな本屋の売り上げ減少と閉店の元凶として名前が挙げられることの多いあのアマゾンだ。

リコメンド（お薦め）機能を重宝している。最初に検索した本の下に関連するテーマ、同じ著者の本などが出版社の垣根を越えて表示される。

気になった本をクリックすると、同様の検索結果が出てくる。お薦めだからといって、すべてを仕入れる必要はない。違うと思えば仕入れなければいいだけのこと。アマゾンなくして僕の店はない。

　オープンして2、3年は売れた本の数以上に仕入れをしていた。三百数十冊だったスタート時点から在庫は増えた。10倍以上だ。売れないからといって返品はできないので物理的な限界はある。仕入れた本の置く場所に困って2017年9月にフォレストピアの中村《なかむら》敦《あつ》夫《お》さんに作ってもらった可動式の棚も埋まりつつある。

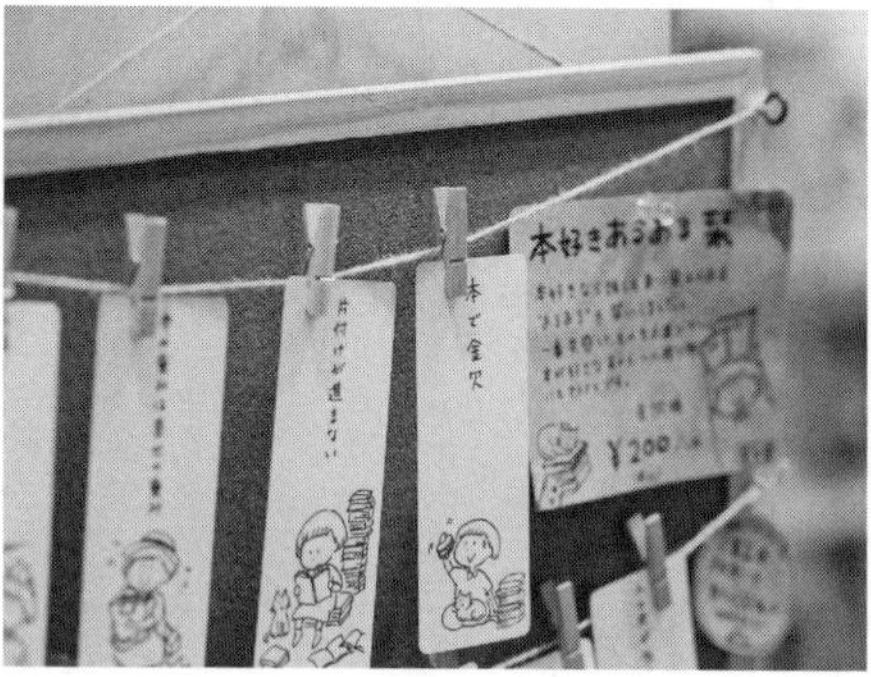

　これまでは売れた本は必ず補充をしていた。だが、これからは新しい本

を仕入れるために補充しないという決断もしなければならない。細胞としての中身は絶えず入れ替わりながら全体としては変わらない。講演をうかがったことのある生物学者、福岡伸一《ふくおかしんいち》さんが提唱した「動的平衡《どうてきへいこう》」という言葉を頭に浮かべる。

本屋としては、がむしゃらに走り続けた成長期を過ぎ、次の段階に入ったともいえる。安定期なのか、崩壊に向けた序章なのか。

「オシャレ」とか「カワイイ」とか

ドアを開けて入ってくるなり、「オシャレ」とか「カワイイ」とかつぶやく人がたまにいる。ほとんどが女性だ。天井高が４ｍを超え、中二階もある構造が「映《ば》える」のか、いきなりスマホを構える人も。雑誌の撮影場所として使ってもらうことも何度かあった。

オシャレやカワイイを意識したことはない。オープン前、女性に足を運んでもらえる、こぎれいな本屋を目指したが、日々の積み重ねによって今があるとしか言えない。

自分のことは自分が一番分からない。こういう時は人に話を聞くに限る。

ひとり目は東東京を拠点に活動するデザインスタジオ「TE KIOSK」代表の村手《むらて》景子《けいこ》さん。雑誌『カーサ ブルータス』（マガジンハウス）のエディトリアルデザインを担当していたこともある。オープン当初からのお客さんで店の変化をよく知っている。

> 落合さんのお店は、立地や建物の雰囲気、選書、それに落合さん自身の個性が混ざりあって、どこにもないここだけの本屋さんという感じがすごくします！「どこにもない」「居心地のよさ」「新しい視点の発見」「落合さんとの楽しい時間」が、私の見ている落合さんのお店です。
> 「オシャレな本屋」と言われることはうれしいことなのかもしれないんですけど、なんとなく消費されているような感じがあって、諸刃の剣

という感じもしますよね。唯一無二の存在感と心地よい空気感のことを
「オシャレ」と呼ぶのならうれしいなぁと思いますけど。
「カワイイ」のは、本屋さんの大きさとか、そういうことなんでしょうかね。落合さんはチャーミングなキャラクターですし、カワイイ大人の男性だなぁと思っていまーす！

ふたり目は一級建築士の野口直樹さん。白井宏昌さん（Ｈ２Ｒアーキテクツ共同代表）とともに店のリノベーションでお世話になった。現在は「１７４建築計画」の代表を務めている。建築の専門家の視点で分析してもらった。

オシャレの価値観は人それぞれですのでなかなか難しいところではありますが、言い換えると「空間が魅力的な本屋」ということなのかなと思います。
本屋としてはなかなかない天井の高さを持った空間、年季の入った木

の構造材とそれを生かしながら新しく挿入された本棚、イベントとしても活用することを考慮された可動の本棚、セレクトされた本とその置き方、高い天井から吊り下げられた暖色の照明、音楽の空間への響き、コーヒーの匂い、など材木置場であった空間の魅力を引き出しながら、本屋として生まれ変わらせることができたことで、その結果、他の本屋では出せない心地よさが提供できたのではないかなと思います。

農家の長男として生まれ、子どものころから「オシャレ」とは無縁の生活を送っていた。なぜか中学生のころ男性ファッション雑誌『メンズクラブ』を読んでいてトラッドスタイルにあこがれていた。でも、掲載されていた服を買ったことはない。そもそも地元では売っていなかったと思う。出版社のＨＰには「クラシックでもモードでもない、日本の35歳の大人の男に似合う、きもち上品なおしゃれを〝ウンチク〟という知識とともに追究する男性ファッション誌」と書いてある。当時も読者として中学男子を想定していなかっただろう。ませた少年だったのかもしれない。

20代～30代はトラッド一辺倒だった。ブレザーに綿パン。セレクトショップに出会ったのは40歳前後。「SHIPS」「BEAMS」「ÉDIFICE」「JOURNAL STANDARD」「TOMORROWLAND」「UNITED ARROWS」などに通った。当時はベルトと革靴は同じ色にすることをルールにしていた。

コーディネートは濃淡が基本。そしてシャツもパンツもジャストフィットであること。最近は息子の影響でカラフルなシャツ（sou・sou）を着るようになったが、チノパンとスニーカーの組み合わせは変わらない。実年齢より若く見られるのは、こんなところが理由なのかもしれない。と、「オシャレ」と関係するかもしれないファッション遍歴についてここまで書いてきた。店の内装についてもあれこれ注文をつけたと想像するかもしれないが、口出しはしなかった。僕がやったことと言えば、外壁を阪急電車色に塗るのを手伝ったくらい。

いずれにしても選書と同様に確固たるコンセプトがあるわけではない。お客さんが「誤読」をしてくれるのは一面的ではないからこそであり、うれしい。

常に「時短営業」

夕方５時半に店を閉めて都営浅草線浅草駅に急ぐ。放課後、自宅近くの学童クラブで面倒をみてもらっている小学１年生の息子を迎えにいくためだ。到着が18時15分を過ぎると延長料金がかかる。

２０１７年４月23日のオープン以来、12時開店、18時閉店という営業を続けてきた。１日６時間。以前、店の前を通りかかった人が営業時間を書いた看板を見て発した「短いなあ」というつぶやきを耳にしてしまったことがあった。

朝は５時半までには起きて、洗濯機を回しながら家族３人で朝食をとる。看護師の妻は７時には家を出る。洗濯が終わると、衣類のしわを伸ばして干し、８時半までに息子を保育園まで歩いて連れて行っていた（２０

２１年３月まで）。火曜日と木曜日、金曜日はそのままランニング。台東区にある店のゴミ出しがあるためだ。墨田区から隅田川にかかる桜橋を渡って台東区に入り、下流にある両国橋でまた隅田川を渡って約１時間、距離にして10㎞くらい。

帰ってきてシャワーを浴びる。乾燥機からタオルを取り出し、干しておいた洗濯物を畳み、シャツにアイロンをあてる。そうこうしているうちに時計は11時近くになっている。近所で昼食用のサンドイッチを買って、電車に乗る。店に着くのは開店ぎりぎりとなる。

18時閉店にしたのは家族で夕食を共にするためだった。保育園のお迎えは時短勤務の妻の役割だったが、残業で遅くなる日は僕が代わりにやっていた。遅くても19時15

分までには保育園にたどり着かないといけなかった。

定休日を月曜日にしたが、しばらく振替休日の月曜日は店を開けて、火曜日を休みにしていた。平日より売り上げはあった。だが、何のために働くのかと考えた時、いくらかのお金を得るより、家族と過ごす時間の方が大切なのではと思うようになった。変更に迷いはなかった。ゴールデンウイーク期間中であっても月曜日は休むことにしている。

本屋を始めて週末は仕事になった。土日は平日に比べて売り上げがいいので店を閉めるわけにはいかない。妻は「前に比べて家族で過ごす時間は少なくなったよね」と非難めいた口調で言う。会社勤めだった時は原則週末休みだったので3人でどこかに出かけていた。妻の言葉には「収入は減ったのにもかかわらず」ということも言外に含まれていると受け取っている。それは認めざるを得ない。

２０２１年4月からは閉店時間を早めて17時半（習い事のある火、金は17時）にしている。子どもが小学校に入って放課後は学童クラブで過ごすようになったと同時に妻が時短勤務から通常勤務に戻った。残業が頻繁にある職場のため、延長料金がかからない18時15分までにお迎えに行くのはギリギリで綱渡りになってしまう。それならば閉店時間を早めて僕が迎えに行けばいいだけのことだ。

暮らしの中に仕事をあてはめる。家族と過ごす時間を第一に考えて仕事をしている。新聞社の運動部でプロ野球やラグビーを担当していた30代のころは、まず仕事があって暮らしは二の次だった。家のことを何から何まで当時の妻にお任せで、子どものおむつを取り替えたことは一度もなかった。時間を取り戻すことはできない。

#今日最初にお買い上げいただいた本

その日、最初の1冊が売れる度にハッシュタグを付けてツイートしている。「#今日最初にお買い上げいただいた本」だ。

絵本だったり、外国文学だったり、人文書だったり、食の本だったり、フェミニズムやジェンダーの本だったり。日付を書き込んだスリップの画像とともにタイトル、出版社、著者、時には翻訳者やイラストレーターなどの名前をつけてツイートしている。

楽しみにチェックしてくれているフォロワーもいて、なかなか売れない時は「今日はツイートできないかもしれない」と不安になる。幸いにも、ハッシュタグ付きのツイートを始めてから本が1冊も売れなかったことは一度もなかった。

始めたきっかけが何だったのか。本屋を始めたころ、今でもそうだが、お客さんが来店しても買ってくれないことは珍しくなかった。午後3時を過ぎても1冊も売れないことが度々あり、心細い気持ちになった。とにかく1冊でも売れたら気持ちが楽になった。そんな気持ちをハッシュタグに込めたのだと思う。

ツイッターのログをさかのぼってみると、２０１７年12月8日、「今日、最初にお買い上げいただいた本。」として『パリのすてきなおじさん』（柏書房）をツイートしたのが最初だった。

文章とイラストを担当した金井《かない》真紀《まき》さんはご近所にお住まいの文筆家兼イラストレーターで、『マル農のひと』（左右社）、『子どもおもしろ歳時記』（理論社）、『世界はフムフムで満ちている』（皓星《こうせい》社）、『はたらく動物と』（ころから）などの著作がある。最近は岩波書店から和田《わだ》静香《しずか》さんとの共著で『世界のおすもうさん』を刊行している。

担当編集者の竹田《たけだ》純《じゅん》さんは元新聞記者。大学卒業後、読売新聞大阪本社に勤務していた経験があり、遠い後輩にあたる。『カンマの女王』『キングコング・セオリー』『東京、コロナ禍。』『「舞姫」の主人公をバンカラとアフリカ人がボコボコにする最高の小説の世界が明治に存在したので20万字くらいかけて紹介する本』などを担当した異能の編集者だ。

竹田さんと知り合ったのはツイッター上で、その後、『パリのすてきなおじさん』の原画展やトークイベントを開催してもらった。異なる4種類の帯が目を引く『パリおじ』はトータルで60冊以上が売れ、在庫を切らさないようにしている。

残念なことに最近、経費節減を理由にスリップを廃止する出版社が増えている。スリップのない本の場合、タイトルや本体価格などをメモしてからスリップの代わりに書影を撮影している。例えば、複数冊の本をお買い上げいただき、すべてスリップなしの場合、お客さんを待たせてしまうことがある。

　会計の際に本の裏表紙に印字されているＩＳＢＮコードをバーコードリーダーで読み取っている店は影響がないかもしれないが、スリップを見て本体価格を手打ちしている僕の店ではスリップなしは困る。ＩＳＢＮコードをアマゾンで調べる手間が増え、仕入れ作業（補充や追加）にも時間がかかる。

『スリップの技法』（苦楽堂《くらくどう》）によると、著者の久《く》禮《れ》亮《りょう》太《た》さんは品出しの際にスリップに日付などを書き込み、売上スリップの束を基に仮説を立て、棚に挿すか平積みにするかを判断したり、品ぞろえに反映させたりしているという。

　スリップの使い方もここまで違うと、ため息も出ない。

知ってもらうために

２０２１年６月18日の「＃今日最初にお買い上げいただいた本」は『「母と息子」の日本論』（品田《しなだ》知美《ともみ》、亜紀書房）と『三人の逞しい女』（マリー・ンディアイ著、小野《おの》正嗣《まさつぐ》訳、早川書房）だった。買ってくれた30代くらいの女性は「いつもツイッターを見ています」と言ってくれた。

　ツイッターは新聞社に勤めていた２０１５年７月４日から始めた。きっかけは覚えていない。すでに本屋開業に向けて本屋巡りを始めていた。しばらくは数日に一度ぐらいの頻度で内容も自分が書いた原稿（コラム、社説）についてのツイートがほとんどだった。フォロワーは増えなかった。

　翌年受講した「ＴＯＫＹＯ起業塾」（実践コース）の中に「ソーシャルメディアの理解と活用　ソーシャルメディア時代の共感の集め方・広め方」というワークショップがあった。講師の男性は「パソコン・ＩＴのエバンジェリスト」として全国の自治体や企業などを相手にセミナーなどを開いているベンチャー企業の代表で、40冊近い著書と監修書籍を持っていた。

テキストの最初には「ソーシャルメディアを活用するかどうかという選択肢はすでにない。問題はいかにうまく活用するかだ」と書いてあった。知らない人たちから「信頼」や「共感」を得るためにはどうしたらいいのか、という問いを投げかけられた。

ブログの開設を勧められたことを覚えている。「ゴミを発信してください」と言われて驚いた。「ゴミ」とは自分では当たり前と思っている専門的な情報のことで初心者向けに分かりやすく発信することが「ポピュラリティーを得る」と説明された。そして、開業までに１００の記事を書いてアップするようにと。

これは右の耳から入って左の耳に抜けた。余裕がなかった。面倒くさくもあった。そのせいか、フォロワーは２０１７年４月のオープン時で２２０人ほど。それから４年数カ月。６０００を超えるまでになった理由は何だろう。

戦略なんてものはない。タイムラインに流れてくるツイートをチェックしては、「いいね」を押したり、リツイートしたりするのを続けてきた。それによって僕がどんなことに興味と関心を持っているかが想像できる。子育て、フェミニズム、ジェンダー、オリンピック、差別など。さまざまな考えを持った人が出入りする本屋は「中立」でいた方がいいという理由で政治について態度を明らかにすることを否定的にとらえる人もいるが、声を上げることにためらいはない。以上は本屋を始めてなくてもやっていただろう。

本屋らしいツイートと言えば、お薦め本が入荷した時のお知らせや、気になる新刊を見つけて「仕入れます」とリツイートするぐらい。本の感想をツイートしたことはない。最近は棚の写真を撮影してアップしている。「いいね」はもらうが、すぐに売り上げに結びつくわけではない。

ツイッターは「信頼」や「共感」を得るのが目的ではないが、結果として「信頼」や「共感」を得ているのかもしれない。ツイートを見て、わざわざ店に足を運んでくれる人たちが少なからずいる。そして、本を買ってくれる。

もしツイッターがなかったら？　仮定の質問には答えられない。

第4章

本を売るだけでなく

イベントは年間１００回以上

誤植だとすぐに気づいた。「Readin'Writin' BOOKSTORE店主」となるはずの肩書きが「イベントプロデューサー」になっていた。

コロナ禍の過ごし方について雑誌「DISTANCE」編集部のＭさんからオンライン取材を受けた。「別にコロナ前後でほとんど変わっていないと思いますよ」という見出しがついたインタビュー記事で、緊急事態宣言下で店を閉めない理由を問われ、僕は「町に、社会に本屋が必要だねとかそういうことは一切考えてないですよ」などと答えている。読み返してみると、相も変わらず物言いが傲慢《ごうまん》というか、不遜《ふそん》というか。いずれにしても反感を買いそうな内容になっているが、本心だ。

「イベントプロデューサー」は、全国規模の音楽フェスからウェブメディアまでさまざまなイベントの企画を手掛けるＴ・Ｓさん（30代　神奈川県）につけられたはずの肩書きだった。インタビューの中でＴ・Ｓさんは「ネットだけで芝居をつくる等の新しい試みができたのは面白いですよね。しかし、やはり生ものには勝てないとどこかで思ってしまうので」と答えている。そう、「生もの」、ライブはいい。

　コロナ禍前の２０２０年２月までは１カ月10回前後、年間１００回以上のイベント（ワークショップや展示などを含む）を開催していた。最も多かったのは２０１９年２月で20回にもなった。ある日曜日は開店前にライティングの個人レッスン、午後から中二階で短歌教室、閉店後はトークイベントをこなした。１日３回。我ながらよくやったと思う。

　本の刊行記念トークイベントだけでなく、落語会や演奏会なども企画した。２０１７年12月には妻の高校時代の友人で俳優のNさんが一階と中二階を場面ごとに使い分けて演劇「ホワイト・クリスマス」を３日間連続で開催してくれた。

　開催の基準は僕が面白いと思うかどうかだが、オファーを断ったのは一度しかない。

　参加費は１０００円または１５００円が多い。どちらの場合でもひとりあたり５００円を会場代として店がいただくことにしている。イタリアから輸入したオーガニックドリンク付きにして５００円を加算していた時期もあった。だが、味の種類が複数あって参加者の好みを聞くのに時間がかかること、空き瓶の回収、処理が面倒になったことでやめた。

キャスターが付いた可動式の棚を作ってもらってからはゲストの座る場所を入口近くに移して、一階だけでなく、中二階も客席として使っている。いわゆる桟敷《さじき》席だ。40人が入ったイベントもあった。天井高４ｍ超の構造でなければ実現しなかっただろう。

それにしても、ここまでイベントを開催することになるとはオープン前には考えていなかった。面白いイベントを開催できないかといつも考えていて、ツイッターなどを見て出版社や編集者、著者らにオファーしている。断られることもある。そういうところには二度と声はかけない。来るものは拒まず、去る者は追わず、だ。

雑誌「DISTANCE」のインタビュー記事を読んだ知り合いで、両国近くの本屋YATOの店主Sさんは僕の肩書きが「イベントプロデューサー」

になっているのを見つけて、「おっそうだな」と納得したという。

「イベントプロデューサー」はおこがましい。あくまでも本屋であり、商品である本を1冊でも多く買ってほしい。ただ、Sさんみたいに受け取る人がいるのも不思議ではなく、僕の肩書きに「イベント屋」を加えていいのかもしれない。

初めてのイベント

マルジナリア書店はJR南武線と京王電鉄京王線が乗り入れている分倍《ぶばい》河原《がわら》駅の改札口と向かい合ったビルの三階にある。晴れた日は大きな窓から富士山が見える。編集者の小林えみさん（よはく舎代表）が2021年1月にオープンさせた。

本屋を始めて間もない2017年4月末、小林さん（当時は堀之内出版）からメールが届いた。絵本作家かわさきしゅんいちさんの『うみがめぐり』(仮説社《かせつ》)の刊行を記念したイベントの提案だった。小林さんとはトランスビューの封入大会で知り合い、メールをもらう数日前には店に来てくれていた。

ゴールデンウイーク明けにかわさきさん、仮説社の編集者と店で打ち合わせを行い、6月24日の土曜日、「かわさきしゅんいち出版記念ワークショップ」というタイトルで開催にこぎつけた。店にとっては初めてのイベント。平台が置いてあった一階奥のスペースを使い、ワークショップとテーブルトークの2部構成で午後1時から始まり、夕方まで続いた。

広告フライヤーの手配(かわさきさんが準備)、イベント当日の販売する本の仕入れ(仮説社から委託で預かり、後日精算)、かわさきさんが作製したオリジナルグッズの販売(手数料として3割を店がいただく)。未経験の僕には初めて知ることばかりでイベント開催の基本を学ぶことができた。

小林さんはその後もイベントを企画しては提案してくれた。

8月の「女性の働き方　独立系女性版元」にはゲストとして清田麻衣《きよたまい》子《こ》さん(里山《さとやま》社)、瀬谷直子《せやなおこ》さん(瀬谷《せや》出版)、吉満明子《よしみつあきこ》さん(センジュ出版）、宮川《みやかわ》真紀《まき》さん（タバブックス）が来てくれて、「独立」と「出版」をテーマにトークした。清田さん、吉満さん、宮川さんにはその後、フェアやイベントを企画してもらうことになる。

9月にはこれも小林さんの提案を受け、『戦う姫　働く少女』（堀之内出版）の刊行記念トークイベント「戦闘美少女はなぜ働くのか」を開催した。著者の河野《こうの》真《しん》太郎《たろう》さんと日本国家公務員労働組合連合会書記の西口《にしぐち》想《そう》さんが現代女性の仕事、恋愛、生き方などについて対談した。河野さん、西口さんともご縁が生まれ、イベントのゲストとして、また参加者として度々店に来てくれた。

本の売り上げにもつながるイベントの面白さを知った僕はあらゆる伝手《つて》をたどり、これはと思う人に声をかけていった。いわゆる、ナンパだ。断られる時もあるが、命まで取られるわけではない。アンデス民族楽器の演奏、革のブックカバー作り、木版画のワークショップ、ドゥドック（アルメニアの楽器）＆オカリナ＆笙《しょう》の演奏会などを実現することができた。

テレビ番組制作に関わる知り合いのNさんが紹介してくれたイラストレ

ーターの土田菜摘《つちだなつみ》さんには「本のある風景」と題して、店で本を選ぶお客さんの姿をスケッチするイベントを開催してもらった。２０１７年10月から毎月、土田さんが地元の関西に引っ越す２０１８年４月まで続いた。

イベントは開催して終わりではない。予期せぬ人との出会いがあり、何気ない会話を通して次のイベントのアイデアが生まれる。こちらにその気がある限り、永遠に続いていく。終わりはない。転んでもただでは起きない（意味が違うかも）の精神だ。

あなたの知らない本@田原町

月替わりで開催している出版フェアの原型は２０１７年12月に始まった「あなたの知らない本@田原町」だ。

トランスビューの封入大会後に行われる恒例の残業（飲み会）の席で向かい合った、赤羽《あかばね》のひとり出版社「ころから」の代表、木瀬貴吉《きせたかよし》さんから、トランスビューに加盟する各社のフェアを開催してはどうかと提案された。飛んで火にいる夏の虫。断る理由はない。二つ返事で引き受けた。

木瀬さんとは、在日韓国・朝鮮人を標的にしたヘイトスピーチが社会問題になっていた２０１４年、関東大震災における朝鮮人虐殺を扱ったノンフィクション『九月、東京の路上で』（加藤直樹著、ころから）の取材で出会い、記事にしていた。

１回目は「ころから」と「えにし書房」の2社でフェア期間中のイベント開催をお願いした。出店社が翌月の出店社を紹介してくれるというリレー方式も木瀬さんの提案だった。チラシのイラストは木瀬さんの知人でもある金井真紀さんが描いてくれた。

フェアのタイトル「あなたの知らない本@田原町」は僕が考え、「個性的な版元の良書を紹介する」ことを掲げた。出版社には失礼なタイトルではあるが、妻が知っていそうかどうかで決めた。以後、共和国&パブリブ、トランスビュー&堀之内出版、タバブックス&ポンプラボ、本の種出版&つかだま書房、アリエスブックス&キーステージ21という組み合わせで続いた。作家の星野《ほしの》智幸《ともゆき》さん、翻訳者の斎藤真理子さんらがゲストで来てくれた。

フェアは２０１８年６月から１社に絞り、期間も２０２０年８月以降は１カ月から原則２カ月に延ばした。ひとつの出版社の本を長い時間をかけて売ることへの方針転換だった。

２０１８年６月以降の出店社は次の通り。里山社、トゥーヴァージンズ、パラボリカ・ビス、皓星社、百万年書房、星羊《せいよう》社、猿江《さるえ》商會《しょうかい》。２０

１９年は、Magazine isn't dead.、左右社、八画文化《はっかくぶんか》会館《かいかん》、アタシ社、太郎次郎社エディタス、ブルーシープ、センジュ出版、花伝《かでん》社、三輪舎《さんりんしゃ》、H.A.BOOKSTORE、フリースタイル、工作舎、駒草《こまくさ》出版。２０２０年は、現代書館、G.B.、ジャパンマシニスト社、有斐閣《ゆうひかく》、柏書房、西日本出版社、共和国、人文《じんぶん》書院。

２０２０年の5月、6月、7月は出版社には声をかけなかった。コロナ禍で各版元の営業担当が書店回りを控えているという話を聞いていたし、店に人を集めるイベントの開催は難しいと判断したためだった。

コロナ禍が原因で延期または中止になったイベント（ワークショップや展示などを含む）は20を数える。日程を変更して開催にこぎつけたイベントがあれば、そのまま立ち消えになったイベントもある。後者とは縁がなかったということだろう。来るものは拒まず、去る者は追わず。

２０２０年4月7日に緊急事態宣言が出た後も相変わらず営業は続けていた。天井高が４ｍを超える店の構造上、「三密」状態とは無縁であり、店を開けるか閉めるかで悩むことは一切なかった。僕は正常性バイアスが人一倍強いのかもしれない。

頻繁にイベントができなくなったことで考える時間が生まれた。フェアの期間を２カ月に延長することを決めた。そのことによって複数回のイベントを開催してもらえるようになったのはコロナ禍の効用だ。転んでもただでは起きない（こちらの使い方が正しい）。

連続イベント

連続トークイベント「小さな出版社の続け方」は、東京・深川のひとり出版社「猿江商會」の古川聡彦《ふるかわあきひこ》さんの提案を受けて２０１９年２月から隔月で12月まで開催した。古川さんとは２０１８年12月、「あなたの知らない本＠田原町」に出展してもらったことでご縁ができていた。

出版業界を見続けてきたライターの永江《ながえ》 朗《あきら》さんが聞き手となり、文字通り出版社の続け方について話を聞くという内容。新しく創業した出版社

11社12人へのインタビューをまとめた『小さな出版社のつくり方』（2016年）の続編で、書籍化を前提に始めた。

　2月左右社（小柳学さん）、4月アタシ社（ミネシンゴさん&三根《みね》かよこさん）、6月ブルーシープ（草刈大介さん）&センジュ出版（吉満明子さん）、8月三輪舎（中岡祐介さん）&H.A.BOOKSTORE（松井祐輔さん）、10月フリースタイル（吉田学さん）で、12月は千駄木の本屋「往来堂《おうらいどう》書店」の笈《お》入建《いりけん》志《じ》さんに来ていただいた。

　すでに出版社を作った人、出版社勤務の編集者、書店員らが参加してくれた。実際に出版社を作った人もいる。京都からほぼ毎回参加してくれた嶋田《しまだ》翔伍《しょうご》さんは2019年秋、ひとり出版社「烽火《ほうか》書房」を立ち上げた。『ＧｏｔｏＴｏｇｏ一着の服を旅してつくる』『ひとふでがき』『世界の紙を巡る旅』などを刊行している。最近は京都市下京《しもぎょう》区で路地裏にある小さな古民家を改装して本屋「hoka books」を始めた。

　嶋田さんだけではない。五十嵐《いがらし》妙《たえ》さんと星野《ほしの》有美《ゆみ》さんは「Andeto《アンドエト》」を設立し、是枝《これえだ》裕和《ひろかず》監督の日仏合作映画『真実　シナリオ対訳』や『評伝カール・ラガーフェルド』などを刊行している。

連続講座「ライターという生き方」は『小さな出版社のつくり方』と同じ時期に始めた連続イベントだ。聞き手はライターの岡野誠さん。田原俊彦さん本人へのインタビューをはじめ、関係者への取材、膨大な資料でスターの足跡と葛藤をつづった、岡野さんの著書『田原俊彦論　芸能界アイドル戦記1979－2018』（青弓社《せいきゅう》）の刊行記念トークイベント（2018年11月）の打ち上げの席で話をしているうちにアイデアが浮かんだ。

新聞記者を辞めて本屋を始めて以降、ライターを名乗る人たちから取材を受ける側に回り、ライターへの興味と関心が生まれた。なぜライターという仕事を選び、組織に所属する新聞記者とは異なり、フリーランスとしてどうやって仕事をしているのか。打ち上げを終えて帰る電車の中から岡野さんに「イベントをしたいので協力してほしい」とのメッセージを送った。ちなみに田原俊彦さんは中学の2年後輩だが、面識はない。

ゲストは登場順に中川淳一郎《なかがわじゅんいちろう》さん、田崎健太《たざきけんた》さん、霜田明寛《しもだあきひろ》さん、神《かん》田桂一《だけいいち》さん、赤澤竜也《あかざわたつや》さん、増田立士《ますだたてし》さん、姫野桂《ひめのけい》さん、菊《きく》池良《ちりよう》さん、戸部田《とべた》誠《まこと》さん（てれびのスキマ）の計10人。進行とともに人選は岡野さんにお願いした。女性が姫野さんひとりだけになったのは、岡野さんの知り合いのライターが男性しかいなかったという理由なのだが、ジェンダー・バランスに対する意識に欠けたと反省している。

２０２０年7月から始めたのが「いつもより具体的な本づくりの話を。」だった。これは知り合いの校正者、牟田都子《むたさとこ》さんが編集者に本作りの話を聞くというイベントで聞き手を務めたことをツイッターで知ったのがきっかけだった。

聞き手として頭に浮かんだのが百万年書房の北尾修一《きたおしゅういち》さんだった。トランスビューの封入大会で知り合い、２０１８年10月に「あなたの知らない本@田原町」にも出店してもらっていた。二つ返事で引き受けていただいた。

北尾さんと言えば、太田出版時代に雑誌「Quick Japan（クイック・ジャパン）」の編集発行人を務めるなど出版業界では有名でファンも多い。そんな人に僕はツイッターで「やってくれませんか」というダイレクト・メッセージを送ったのだ。大胆というか、厚かましいというか。知らないということは、ある意味、強い。

人選の基準は「いつも良い本、雑誌を作っているなあ」と北尾さんが注目している編集者で、その仕事のディテールに注目して、同業者だからこそできる質問をぶつけて、実践的な本づくりのテクニックを聞き出すのが狙い。日々の本づくりの小さなこだわりに注目して掘り下げることにしたため、「業界」の話はNGとした。

コロナ禍だったため4月スタートの予定が3カ月遅れた。

坂上陽子《さかのうえようこ》さん（「文藝」編集長）、金井弓子《かないゆみこ》さん（ダイヤモンド社）、松尾亜紀子さん（エトセトラブックス代表）、大塚啓志郎《おおつかけいしろう》さん（ライツ社代表）、谷綾子《たにあやこ》さん（文響《ぶんきょう》社）、篠原一朗《しのはらいちろう》さん（水鈴《すいりん》社代表）、篠田里香《しのださとか》さん（生きのびるブックス）、柿内芳文《かきうちよしふみ》さん（STOKE代表）、草下《くさか》シンヤさん（彩図《さいず》社）と続いた。

最後の10回目は柏書房の竹田純さん（現在は日経BP）を聞き手に迎え、ゲスト役の北尾さんから本をつくるうえで考えていることなどを引き出してもらった。ゲストのうち女性は5人で半数だった。

あえてオンライン配信はしなかった。お金のことをはじめデリケートなテーマを話してもらうためという事情もあったが、顔が見えるライブにこだわった。参加者は毎回同業者が多く、定員の20人を超える回もあった。打ち上げで呑みながら聞いた話も面白かった。こちらも書籍化の話が進んでいる。

「聡子の部屋」

社会学者の梁《やん》・永山《ながやま》聡《さと》子《こ》さんが聞き手を務める「聡子の部屋」はコロナ禍でも中断することなく、続けているイベントだ。

永山さんとの出会いはイベントだった。２０１９年7月に開催した『私たちの「戦う姫、働く少女」』刊行記念トークイベントのゲストのひとりで打ち上げの席で言葉を交わした。「この人、面白い」。一目ぼれだった。

堀之内出版の鈴木陽介さん（当時は一橋大学の大学院生）を介して連絡をとり、後日、店に来てもらい、３人で打ち合わせをした。タイトルは「聡子の部屋」に決めていた。黒柳徹子さんが長年にわたってホストを務めているテレビ番組から拝借した。

ジェンダー、外国人差別、排外主義、ＬＧＢＴ、原発、基地、オリンピックなど、今日本社会はさまざまな問題を抱えている。この状況を僕たちはどう受け止め、変えていくために、どんな行動をとればいいのか？　そんな問題意識を３人で共有した。

幅広い交友関係と関心領域を持ち、早口で弁も立つ永山さんは聞き手としてうってつけだった。ゲストの選考基準は永山さんが「今会いたい人たち」で、現在の取り組みや今後について迫るという内容だ。研究者が大半を占めるが、ジャーナリストもいる。

１回目は２０１９年12月13日、竹《たけ》田《だ》恵《けい》子《こ》さん（現東京女子大学准教授、文化社会学）をゲストに迎え、「アートとフェミニズム」をテーマに開催した。

当時は、少女像などの展示をめぐって注目された、あいちトリエンナーレの「表現の不自由展・その後」や、女性キャラクターのイラストを使用した献血ポスターなど、ジェンダー的な問題が指摘される事例が頻発していた。

アート界においても美術大学における学生・教員や、美術館の収蔵作品などの男女比が、男性に偏っていて、ジェンダー・アンバランスが指摘されており、あいちトリエンナーレでは参加アーティストの男女比を半々にするとして話題になっていた。

当日は会場がほぼいっぱいとなる32人の参加があった。後日、竹田さんから感想が寄せられた。一部を紹介する。

はじめての対談相手として選んでいただき光栄です。とくに強調したかったのは、美術界の労働環境は、日本の労働環境をさらに過酷にした形になっているということです。女性が多い環境であるにも関わらず、第二波フェミニズムの課題も達成されないまま、ポストフェミニズム的状況へ突入している、というのがアート界のジェンダーに関する問題点だと思います。しかし、近年になって女性のコレクティヴが多く誕生するという動きも起きています。それは単純に割り当てられた性や性自認が「女性」だからつながれる、ということではなく、個々の違いを十分に認識したうえで、つながっていこう、という態度なのだと理解しています。私が立ち上げたEGSA JAPANに関しても実効性を確保しつつ、アート界のジェンダー意識改革を行いたいと考えています。

午後7時に始まるイベントは熱を帯び、終了予定の午後9時を過ぎることも度々ある。話が多方面に広がり、2時間に収まらないのは、研究者でありながら、アクティビスト（社会活動家）でもある永山さんの多面性が理由だ。

若い世代が、対等な仲間と「フェミニズムとは何か」「差別とは何か」を学び、社会変革を目指す場を提供する「ジェンダーと多様性をつなぐふぇみニズム・ゼミナール（ふぇみ・ゼミ）」の運営委員として、人権の尊重とジェンダー平等にもとづく真に民主的な日本社会、より公正で持続可能な地球社会を目指すＮＰＯ法人「アジア女性資料センター」の理事として、関東大震災の朝鮮人虐殺を語り継ぐ「１９２３関東朝鮮人大虐殺を記憶する行動」のメンバーとして活動している。本人いわく、「社会革命の外科医」だ。

「聡子の部屋」は4回目以降、オンライン配信もしながら今も続いている。いつまで続けるか？　答えは店がある限り、僕が生きている限りだ。

オンライン配信

２４４人。これは２０２１年１月29日夜に開催した『99％のためのフェミニズム宣言』（人文書院）の刊行記念トークイベントに参加してくれた人の数だ。過去最高だった。しかし、その時間帯、会場（店）にはゲストの菊地《きくち》夏野《なつの》さん（社会学者）、栗田《くりた》隆子《りゅうこ》さん（文筆家＆活動家）、担当編集者のUさんだけでなく、参加者の姿もなかった。

新型コロナウイルスの感染が拡大した2020年3月以降、イベントなどの中止、延期が相次いだ。その数20。対応策として2020年4月から始めたのがオンライン配信だった。パソコンオンチの店主に代わって鈴木陽介さん（堀之内出版）がPeatixの参加申し込みページの作成から当日の配信までの一切を取り仕切ってくれている。僕の右腕的存在というか、彼がいなければイベントができないという点では心臓かもしれない。

コロナ禍によって外出を控える人が増えるのに伴い、イベントの来場者（店に来る人）は減った。だが、コロナ禍以前は一階と中二階を使っても40人が最高だった総参加者は確実に増えた。

僕が2020年に読んだ本の中でベストワンに挙げる『フィッシュ・アンド・チップスの歴史』（パニコス・パナイー著、栢《かやの》木《き》清吾《せいご》訳、創元社）の刊行記念トークイベント（2020年10月24日）が初めて100人を超えた（106人）時は驚いた。フェミニズム研究者の飯《いい》野《の》由里子《ゆりこ》さんをゲストに「なぜトランスフォビアとの闘いがフェミニズムの課題でもあるのか」と題して開催した第13回「聡子の部屋」（２０２１年1月20日）は１５7人を数えた。90人を超えたイベントも二つある。

会場、オンラインとも参加費は同額にしている。会場参加の場合、イベント後にゲストと直接言葉を交わせるチャンスがある。オンライン参加の場合、電車などを乗り継ぐ手間が省け、自宅にいながらにして視聴できる。一方のメリットは一方のデメリットになる。

オンラインに対して、会場参加はオフラインと呼ばれている。オフラインという言い方には違和感を覚えるので、僕はあえてライブと言っている。ゲストや他の参加者との出会いや交流、打ち上げまでを含めてイベントは構成されている。イベント終了と同時にパソコンの画面から退出するオンラインでは経験できないことだ。

会場参加に軸足を置くのは本の売り上げにもつながるからだ。参加者がイベントの前後に棚を見て回り、本を買ってくれる。オンライン配信だけであれば本は売れない。本屋という場を持つ僕がイベントを開催する意味はない。

思い通りにいかないこともある。

「99％のためのフェミニズム宣言」は当初、ゲストの菊地さんも栗田さんも会場に来てくれる予定だった。会場参加の定員20人も早々と埋まっていた。年明けに二度目の緊急事態宣言が発令されたことでふたりともリモートでの参加を余儀なくされた。参加申し込みが少なければ延期していたかもしれないが、数の多さに欲が出た。会場参加を希望した方には事情を説明してオンライン参加に変更してもらった。

その日、僕はいつも通り午後6時に店を閉め、自宅でオンライン配信を参加者とともに視聴した。参加者が退出した後、菊地さん、栗田さん、担当編集者のUさん、配信担当の鈴木さんと画面越しに感想を話し合えたのがせめてもの救いだった。

ドーピング

非日常であるイベントは打ち上げも含めて楽しい。発見や出会いがあり、刺激を受ける。

コロナ禍以前は１カ月10回前後で年間１００を超えた。最近は１カ月５、６回に減ったが、土日ともイベントというのは珍しくない。

２０２０年７月下旬はイベントが集中した。

22日　第7回「聡子の部屋」　山本《やまもと》敦久《あつひさ》さん&梁・永山聡子さん

23日　第1回「いつもより具体的な本づくりの話を。」

　　　坂上陽子さん&北尾修一さん

24日「まつろわぬホモ・ルーデンスたち、あるいはポスト・フェストゥムの

　　　なかのスポーツ」

　　　今福《いまふく》龍太《りゅうた》さん&鵜飼《うかい》哲《さとし》さん&山本敦久さん

25日　「レイシズム」　阿部《あべ》大樹《だいじゅ》さん＆坂爪《さかつめ》真吾《しんご》さん

火曜日、水曜日、木曜日、金曜日の4日連続で、土日にイベントが入っていたら6日連続になるところだった。

ある時から本屋のイベントはスポーツ界に蔓延するドーピングに似ていると考えるようになった。古代オリンピックの時代からパフォーマンス向上のために禁止薬物に手を出すアスリートが絶えない。

ドーピングは、公正・公平というスポーツの価値を棄損《きそん》するだけでなく、身体への副作用がある。男性では睾丸《こうがん》萎縮、女性化乳房、脱毛など、女性では月経異常、乳房萎縮、男性化などがあり、その他、めまい、吐気、頭痛、疲労、発熱などが報告されている。

毎日イベントを開催したとしても僕が女性化することは決してない。だが、4日も続くとさすがに疲れる。普段は18時半ごろに帰宅し、イベントが終了する21時までには入浴、食事は済んでいてあとは寝るだけ。打ち上げに顔を出していると、終電で帰宅するのは珍しくなく、布団に入るのは日付が変わってから。睡眠時間は削られ、朝5時半に起きた時、胃が重く感じられる。前夜の打ち上げで食べたものが完全に消化されていないためだ。

新型コロナウイルスの感染対策で酒類の提供に事実上のストップがかかり、飲食店に移動しての打ち上げはできなくなった。その代わり、近所のネパール料理店にデリバリーサービスを頼んだり、コンビニに買い出しに行ったりして、中二階で関係者だけの反省会をするようになった。

ところでドーピングの効果はどれくらいあるのか。売り上げに占めるイベント収入の割合を調べてみると、意外な結果が出た。

コロナ禍以前も以降も1割前後であることが分かった。イベントが軒並み延期になった２０２０年5月と6月は1%にも満たなかった。翌7月からは以前の水準を維持している。店を続けていくうえで欠かせないが、依存しているわけではない。

前にも書いたが、イベントは本を買ってもらえる機会にもなっている。イベントの関連本だけでなく、直接関係のない本も買ってもらっている。

本がたくさん売れて1日の売り上げが10万円を超えることが２０２０年には数回あった。これは僕の店にとっては「事件」であり、イベントさまさまだ。

確かにオンライン配信を始めてからイベントの総参加者は増えた。だが、リアルなお客さんではないため棚を見てもらうことできない。本屋としては店に来てもらってナンボで、オンライン配信（だけの）イベントは最初から本を売る機会を放棄している、とも言える。もったいない。

参加費による収入面だけを見れば、たかがイベントかもしれない。だが、本の売り上げにつながる可能性があるという点では、されどイベントなのだ。

毎月開催

毎月第一土曜日と第一日曜日、普段静かな中二階がにぎやかになる。

第一日曜日開催の〈現代短歌〉教室「31文字のせつなさ」は２０１８年9月に始まった。講師は鈴木《すずき》晴香《はるか》さん。雑誌「ダ・ヴィンチ」の『短歌ください』への投稿をきっかけに作歌を始め、２０１６年の第一歌集『夜にあやまってくれ』（書肆侃侃房《しょしかんかんぼう》・新鋭短歌シリーズ）に続き、２０２１年７月には第二歌集『心がめあて』（左右社）を出版した。塔短歌会《とうたんかかい》編集委員で、パリ短歌クラブにも所属している。

たまたま実家が店の近くにあり、関西から夏休みの帰省中に来店してくれた際、短歌を詠《よ》んでいることを知った。初対面にもかかわらず、厚かましくも短歌教室の開催をお願いしたところ、快諾してくれた。ダメでもともと、命をとられるわけでもない。とにかく口説いてみるものだ。こうしてナンパの成功体験は積み上がっていく。

最初の教室で鈴木さんは「短歌は自分の気持ちは書きません。情景を書きます」と話した。ライティングの個人レッスンで僕も同じようなことを話している。短歌を詠んだことは一度もなかったが、共通点があることを知り、うれしかった。自分の気持ちや考えをそのまま書くのではなく、選択した情景などによって表現するのだ。

　コロナ禍の２０２０年４月は参加者の欠席が相次ぎ、休会となった。５月は鈴木さんの東京への新幹線移動がまだ難しく、初めてオンラインで開催した。以後は緊急事態宣言下でも中二階でマスクを着用して開催を続けている。

　回を重ねるごとにリピーターが増えてきた。定員を８人から10人に増やして対応していたが、キャンセル待ちせざるを得なくなり、２０２１年１月以降は２部制に切り替えた。１部は新規の方、２部は常連と分けた。Ｋさんは第１回の参加者リストに名前がある。ＭさんとＡさんは第３回が初参加だ。

　参加費は常連のＡさんのアドバイスもあり、途中から１５００円（学生は１０００円）を２０００円（学生は１５００円）に値上げしたが、参加者は減らなかった。「２０００円払っても参加する価値がある教室です」と言ってくれたＡさんの見立ては正しかった。値上げ分は鈴木さんへの謝礼に全額回している。

短歌教室の進め方を書くのを忘れていた。参加申し込みの際、お題（例えば、光、返、世、水など）を入れた自作の短歌を提出してもらう（初心者でもそうでない方も提出がなくても参加できる）。当日は同じお題の入った短歌を鈴木さんが紹介しながら参加者同士で感想を述べ合う。最近は教室の後半をワークショップにして17文字の俳句を31文字の短歌に読み替えたりするなど工夫を凝らしている。

短歌は作ったことがないけれど、関心や興味があるという方のご参加も歓迎です。

第一土曜日開催の「お座敷一箱古本市」は２０１８年10月に始めた。

個人の蔵書をミカン箱程度の一箱に詰めて販売する一箱古本市は「１日だけの本屋さんごっこ」とも言われている。東京の根津《ねづ》・谷中《やなか》・千駄木《せんだぎ》で２００５年から始まった「不忍《しのばず》ブックストリート」が最初で、今や週末ごとに全国各地で開催されている。僕も店を始める前に数回参加して、知らない人に本を買ってもらうことの難しさを知ったイベントだ。

お座敷一箱古本市のアイデアは、畳敷きになっている中二階（7畳半）

の活用方法を考えているうちに思い浮かんだ。定員は現在4人で出店料として500円をいただいている。エアコンが効く屋内だけに夏は暑さを、冬は寒さをしのげて快適と好評だ。仕切りの壁がないため柵越しに一階の本棚を見下ろすことができる。

何度も一箱古本市に出店している人、将来本屋をやりたい人、一箱は初めてという人の他、ひとり出版社を経営している人も出店してくれている。一階のカウンターにいても、お客さんと出店者が本を介して楽しそうに言葉を交わしている様子が分かる。ついでに一階の新刊も買ってくれれば言うことはない。

本屋と飲食

隣の洋菓子店「レモンパイ」でケーキを買った人が時々やって来る。

「ここで食べられると聞いたんですけど」

「はい。コーヒーを注文していただきますが、よろしいですか？」

「お願いします」

「では、中二階でお待ちください。しばらくお時間をいただきます。出来上がりましたら、お持ちします」

　徳島のアアルトコーヒーから取り寄せた深煎《ふかい》りの豆をフジローヤルのミルで挽《ひ》き、ハンドドリップで淹《い》れる。長崎・波佐見《はさみ》焼マルヒロのマグカップにたっぷり注いで１杯５００円。本をお買い上げいただいた場合、１００円をお返ししている。コーヒーの値段をどうしようか迷っている時、赤坂の本屋「双子のライオン堂」の竹田信弥さんに相談して、この１００円バック方式に決めた。

　本屋を始めるに際して保健所に出向き、飲食店の営業許可を取った。ビールやワインなどの酒類を出そうと思ったからだ。喫茶店の営業許可ではアルコールを提供できない。そのために食品衛生責任者の講習を受け、シンクなどの設備を書き込んだ平面図などを保健所に提出した。そして、冷蔵庫だけでなく、電子レンジや大型ポットなどを買いそろえた。いずれはお菓子や軽食を出すことも考えていた。

本の粗利は薄く、本だけを売っていては厳しい。売り上げの柱は複数あった方がいい。ビールが飲める下北沢の本屋「Ｂ＆Ｂ」（２０１２年７月オープン）の経営方法にならい、飲食を柱のひとつに据えたのだ。

コーヒーの淹れ方はアアルトコーヒーの庄《しょう》野《の》雄《ゆう》治《じ》さんに習った。「水は、軟水であれば大丈夫。水道水だってかまわない」と教えてくれた。詳しくは『コーヒーの絵本』（庄野雄治著、平澤まりこ絵、ミルブックス）に書いてある。近所のカフェの店長Ｓさんに試飲をお願いしたところ「豆の味がしっかり出ていますね」と言ってくれた。用具はそろっていたが、実際にドリップコーヒーの販売を始めたのは開店から５日後だった。

「おいしかったです」と言ってもらえると、うれしい。僕の淹れ方ではなく、庄野さんがローストした豆がいいからだと答えている。

結局、お菓子や軽食は断念した。コーヒーを淹れるだけで精いっぱい。食事にまで手が回らないことが分かった。電子レンジは一度も使うことなく、知り合いの編集者Ｎさんに引き取ってもらった。大型ポットは段ボール箱の中に入ったままカウンターの下で眠っている。

コーヒーを含めたドリンクの売り上げは数千円の月から3、4万円を超える月までばらつきがある。イベントでは手間のかかるコーヒーの注文はお断りしてビールやオーガニックドリンク（メイド・イン・イタリア）を買ってもらっている。イベントによっては参加者だけでなくゲストも飲みながら、ということもあるが、いずれにしても売り上げの柱になってはいない。

今年は真冬の時期から6月までビールとオーガニックドリンクの仕入れを止めた。寒い時期なので冷えた飲み物の需要はないだろうと考えたためだ。需要が見込める夏に向けて仕入れを再開するつもりでいる。

ひとりでできることには限界がある。コーヒーをやめるつもりはないが、手間のかかることはできるだけ削《そ》ぎ落としていこうと考えている。あくまでも本屋なので。

ライティングのレッスン

「書くことは読む人の立場になって考えること、読むことは書いた人の立場になって考えること。」以上はツイッターの自己紹介の書き出し部分で、続きはＨＰに書いてある。

読むことと書くことはつながっています。
双子のような関係かもしれません。
文章を書くレッスンを始めます。

本を売ることは素人だが、書くことに関してはそれなりの経験がある。30年以上の新聞記者生活で得たスキルと言えば、文章を書くことくらい。本屋を始めるに際し、これを生かさないのはもったいないと思いついたのがライティングの個人レッスンだった。

まず、日時を決め、その際、課題を伝えている。「本／本屋」「食／食べる」「夏／暑い」「東京」など。最近は「せつない／せつなさ」が多い。４００字前後にまとめて前日までにメールしてもらう。当日は書いてきてくれた原稿を材料にディスカッションする。レッスンを踏まえて、リライトした原稿を１週間後をめどに送ってもらい、コメントして終わり。レッスン代は90分で５０００円。高いのか安いのか。

レッスンでは、申し込んでくれた理由や経緯、どんな文章を書いてみたいのかなどを聞きながら、いろいろなことを話している。

文章を書くうえで僕が重要だと考えている三つのことがある。テーマ、字数、締め切り。何について書くのか、何文字で書くのか、いつまでに書くのか。これが決まっていないと書き出せない。最も重要なのが締め切りで、今日まで、１週間後、１カ月後、半年後、１年後では態度や姿勢が違ってくる。三つは制約であり、縛りでもあるが、起動力になる。

著名人や有名人であれば何を書いても読んでくれる人はいる。朝起きて何を食べて、どこかに出かけ、誰かと会って、こんなことをして、こんな感想を持ったとか。彼ら、彼女たちの身辺雑記はエッセーとして雑誌などに掲載される。

名前も知られていない一般の人が日常の出来事を書いても誰も読んでくれない。その人に好意を寄せている人は別として。だから読んでもらうための工夫が必要となる。

「分かりやすい文章を書けるようになりたい」という人がいる。「分かりやすい文章」は「いい文章」だろうか。「好き」という言葉を使わないで好きな気持ちが伝わる文章を書くことはできないだろうか。そんな話をしている。

「好き」という言葉を使うことは読み手の楽しみを奪うことにならないだろうか。書き切らない、言い切らない。それによって余白や行間が生まれる。

10人が読んで10通りの感想が出てくる文章は「悪い文章」だろうか。さまざまな解釈が生まれる余地のある文章こそが読み継がれていくのではないだろうか。読み捨てられない文章、賞味期限の長い文章を書いてほしい。そう話している。

書き手の考え、判断をそのまま書かないようにしてほしい。言いたいことは、事実を積み重ねて伝える。形容詞や副詞を使うことは「分かりやすさに逃げる」ことだ。

事実を集めるためには取材が必要だ。取材とは何か。人に会って話を聞く、現場に足を運ぶ、調べる。

以上のことは誰から教えてもらったわけではなく、本を読んで得たものでもない。ライティングのレッスンを始めるにあたって、自分は普段どんなことを意識して書いているかを洗い出してみて分かったことだ。裏付けとなるものは自分の経験でしかない。

『取材・執筆・推敲　書く人の教科書』（ダイヤモンド社）で、著者でライターの古賀《こが》史健《ふみたけ》さん（バトンズ代表）は、なぜ取材をするのかについて書いている。「そもそもライターとは、からっぽの存在である」「天才物理学者の知識も、合衆国大統領の経験も、シェイクスピアのひらめきも、なにひとつ持ち合わせていない、からっぽな人間だ」「からっぽの自分を満たすべく、取材する」（いずれもP.31）と。

新聞記者だった僕も同じことを考えていた。人に会って話を聞き、現場に足を運び、調べる。取材が終わっていないと書き始められない。書けば書くほど書くことへのハードルは高くなる。書けなくなる。

　身もふたもないことを言うと、僕のレッスンを受けて、すぐに文章がうまくなるわけではない。そんなことがあるわけがない。文章はその人の分身みたいなもので、価値観がにじみ出る。性格は簡単に変わらないし、変えられない。

　ただ、90分のレッスンで、いつも平均点はクリアできるくらいの書き方を伝えることはできるかなと思っている。一度うまく書けたからとして次もうまく書ける保証はないとも話している。うまく書けなくてもあきらめることなく、とにかく書き続けるしかない。それが30年を超える新聞記者生活で僕がつかんだことであり、伝えたいことでもある。

第5章

本屋の日々／考えていること

フェミニズムの本を売る理由

「マジョリティ」を社会学者のケイン樹里安《じゅりあん》さんは「多数派」ではなく、「（差別などの問題があった時に）気付かずにいられる人／気にしないでいられる人」と訳す。

社会学者の上原健太郎さんとともに編著者として名前を連ねる『ふれる社会学』（北樹《ほくじゅ》出版）で、ケインさんは「気づかず・知らず・みずからは傷つかずにすませられることこそ、マジョリティ（多数派）のもつ特権」と書いている。

半世紀以上にわたって、僕はマジョリティとして生きてきた。

長男として生まれ、旧制中学の伝統を引き継ぐ進学校から国立大学に進み、当時は難関だったマスコミに職を得て定年近くまで30年以上、正社員として働いた。出会いにも恵まれたが、自分の力で道を切り開いてきたと思っていた。

大学卒業後に入った会社（読売新聞大阪本社）の新聞記者の同期二十数人は全員男性だった。女性がひとりもいないことに疑問を抱かなかった。惜しくも合格しなかったのか。合格ラインに達していながら「男優先」で落とされたのか。そもそも受験の機会を与えられていたのか。彼女たちが同じスタートラインに立っていたとしたら、僕は違う人生を歩んでいたかもしれない。

新聞記者になってからは、人と違うこと、人がやらないことを目指した。みんなが右に行くなら、僕は左の道を選んだ。「少数派」になることを恐れないと言いながら、まぎれもなく「マジョリティ」の一員だった。

自分が生きてきた社会が「性差別」に満ちていることに気づかず、知らずにいた。男という名の下駄を履いていたことに気づいたのは58歳で本屋を始めてからだ。

２０１９年10月の刊行記念トークイベント「女性史はオモシロい」に備えて、『ウーマン・イン・バトル』（マルタ・ブレーン著、イェニー・ヨルダル絵、枇《ひ》谷《だに》玲《れい》子《こ》訳、合同出版）を手に取った。女性たちによる女性たちのための１５０年の闘いを描いたコミックで、「自由・平等・シスターフッド！」の副題がつけられている。

日本の女性参政権（女性が選挙に出たり、投票したりする権利）の獲得は１９４５年の敗戦後であることは知っていた。だが、奴隷制廃止をめぐって始まった南北戦争の結果、黒人の男性は参政権を得たにもかかわらず女性は閉め出されたままだったこと、フランス革命によって起草された憲法「人間と市民の権利の宣言」の中に女性は含まれていなかったことなど、ノルウェー発のカラフルなこの本を読むまで知らなかった。

闘いの中で多くの女性が命を落とした。性別によって自由や行動を制限されない社会の実現を目指して、勇気を出して一歩を踏み出す人たちがいた。女性が男性と同じだけの権利を得るべきだと考える人たちを、この本は「フェミニスト」と定義している。

再読した。ドイツの哲学者にして革命家でもあるローザ・ルクセンブルクは「行動しない人間は、自分が鎖につながれていることすら気づかない」という言葉を残している。彼女が共産主義平和運動の末に逮捕され、銃殺されたことを知れば、重い。

開店した当初は１冊もなかったフェミニズムやジェンダーの本は増え続けている。今や最多のジャンルになっている。さまざまな出版社から刊行されていて仕入れが追いつかない。ＤＩＹで専用の棚を作ったが、収まり切らず、他の棚を侵食している。

ある取材で女性のライターからフェミニズムとジェンダー関連の本が多い理由を聞かれ、「知らないことをもっと知りたいから」と答えた。平等であるべき雇用や教育などで格差をつけられ、性暴力に対する恐怖と不安を抱えて日々暮らさなければならない女性たちがすぐそばにいるにもかかわらず、想像したことがなかったという負い目もある。

社会には僕がまだ気づかず、知らずにいることがある。だからフェミニズムやジェンダーをテーマにした本を探しては仕入れて棚に並べ続ける。

店に立ち続ける理由

「本屋をしていて一番楽しいことは何か」と聞かれたら、カウンターをはさんでお客さんと言葉を交わすことだと答える。たとえ本が売れなくても。お客さんとの会話は僕にとって精神安定剤みたいなものだ。もちろん、本は買ってほしいけれど。

信じてもらえないかもしれないが、大学生まで僕は人見知りだった。子どものころは自宅に親戚がやって来ても、挨拶するのが恥ずかしくて母の背中に隠れていた。そんな僕も新聞記者生活で変わった。人と会い、話を聞くということを繰り返していくうちに物おじしないようになった。言い換えれば厚かましくなった。

新聞記者として意識していたのは、初めて会う人から面白い話をいかに引き出すか、あるいは機嫌を損ねることなく話してもらうためにはどうするか。重要なのは相手の表情を読み取っての臨機応変の対応。「権力の監視」はもちろん大事だが、新聞記者は「接客業」みたいなものだと思っていた。そのスキルがまさか商売に役立つとは。

　自分が読んでいる本を、たまにお客さんが買ってくれたりすることがある。その場合、「この本、僕も今、読んでいるんですよ」などと声をかける。刊行記念トークイベントを計画している場合は参加してみませんかと勧誘する。反応がよければ、初めて来たのか、どこから来たのかなど二の矢三の矢を繰り出す。

　とは言っても、誰かれ構わず話しかけているわけではない。相手の様子を観察したうえで話しかけるかどうか判断している。たまに「話しかけるな」という空気を全身から感じる人がいる。そんな時は「（お買い上げいただき）ありがとうございました」以外の言葉は発しないことにしている。

　カウンターに立っているメリットはまだある。どんな人がどんな本を買ってくれたかが分かることだ。京都・誠光社の堀部篤史さんの言葉を借りれば「市場調査」だ。男性なのか、女性なのか、20代なのか、30代なのか、40代なのか、ひとりで来たのか、カップルなのか、親子連れなのか。

人は見た目では分からない。こんな人がこんな本を買ってくれるのかと思うことは度々で、僕の先入観と偏見を裏切る買い方をする人は少なくない。まとめ買いをしてくれた場合、その組み合わせに納得することもあれば、驚くこともある。現場の醍醐味だ。

買ってくれた人たちのことを思い浮かべながら、補充するのかしないのか、補充する場合は何冊注文するかなどを判断している。本屋に限らず小売店にとって仕入れは重要だ。

店番をお願いすることがある。子どもの学校行事、妻の実家がある佐賀に帰省する時、ウルトラマラソン（柴又《しばまた》１００Ｋ）に出場する時、文学フリマに出かける時。最近は某出版社で編集者として働くＹさんに入ってもらっている。

店番が終わった後、その日の売り上げデータ（タイトル、出版社、本体価格など）を記録したエクセルシートを送ってもらっているが、データはデータでしかなく、何も立ち上がってこない。この本はどんな人が買ってくれたのか。お客さんの顔が見えないのだ。

仕入れた記憶のない本がエクセルシートに入っていることがある。注文するのは店主兼従業員の僕だけで、本は買い取りのため返品しない。だから僕が仕入れたことに間違いはない。半年前くらいまでなら覚えているが、１年前、２年前くらいになると、なぜ仕入れたかを忘れてしまっている本がある。５０００冊近い在庫をすべて覚えてはいられない。

エクセルシートに記入されたタイトルだけでは分からなくても、カウンターで実際にその本全体を見て、触ることで記憶がよみがえる。すっかり忘れていたけど、お前もいたなあ、元気にしていたか、行く先が決まってよかったなと本に話しかける、なんてことはしないが、そんな気持ちだ。

古本と新刊を扱っている知人は緊急事態宣言下で、加盟している古書組合の要請もあって店を閉めていた。どんな思いを抱えて日々を過ごしていたのか。６月から営業を再開した絵本専門の店主は休業期間について「長くて胃に穴が空く寸前だった」とツイートしていた。

料理をしていないと体がなまってしまうというシェフがいるそうだ。料理は朝食ぐらいしか作っていない僕にも分かる気がする。僕の場合、３日続けて走らないと体重が増えて罪悪感を覚える。

　緊急事態宣言が発令されていようとなかろうと、本屋としての日常を手放すつもりはない。だから気分が乗らない日でも僕は家を出て、店に立ち続ける。そして、そんな日に限って売り上げがよかったりするのだ。

　店を開けていさえすれば雨の日でもお客さんはやって来る、と書いて思い出した。

　W・P・キンセラの小説『シューレス・ジョー』（文藝春秋）を映画化した『フィールド・オブ・ドリームス』だ。アメリカ・アイオワ州の田舎町で農業を営む主人公はある日、トウモロコシ畑を歩いていて謎の言葉を耳にする。「それを作れば、彼はやって来る」。その言葉に従い、主人公があるものを作ると、彼は現れ、物語は進んでいく。

　時代も状況もまったく異なることを承知のうえで書く。「場（本屋）を作れば、人（お客さん）はやって来る」。その時、僕はケビン・コスナー（映画で主人公を演じた）になる。

　そんな訳はない。

「立ち読み文化」への異議

本を買う側から売る側になると見えるものが違ってくる。

本を持って女性が向かったのはカウンターではなく、一緒に来店したふたりの友人のところだった。「見て、見て、この本面白いわよ」「どれどれ、本当」「でしょう」。50代ぐらいと思える女性３人は実に楽しそうだ。別の棚の前でも取り出した１冊の本を３人でのぞき込み、おしゃべり。店内のあちこちで同じようなことを繰り返して店の外に出て行った。滞在時間は30分を超えていた。

店を構えた当初は来店者がある度に期待した。どんな本を買ってくれるのだろうかと。期待は裏切られ、落ち込んだ。飲食店などと違い、本屋では商品である本に触れた後、買わずに出て行ってもとがめられることはない。数年前、遠方から来店してくれた元書店経営者は「立ち読みは大歓迎」と話していた。この考え方は浸透しているようで、立ち読みをしていて注意された経験はない。

僕はこれを「立ち読み文化」と呼んでいる。

全国に展開する某ライフスタイル書店では、コーヒーを飲みながらソファで購入していない本が読める。立ち読みならぬ座り読み。利用者にとっては居心地がよく、こんな便利でお得な時間の過ごし方は他にはないかもしれない。

僕の店は返品可の委託・配本でなく、注文・買い取りで本を仕入れている。2~3割がせいぜいの粗利を少しでも高めたいというのが第一。店主兼従業員という運営形態（ひとり本屋）のため、返品作業に時間を取られたくないためでもある。

注文もしていないのに取次から送られてくる本を並べ、一定期間売れなければ返品することが認められる商習慣がいまだに続いていることが不思議で仕方がない。大量生産&大量消費時代のビジネスモデルにいつまでしがみついているのだろうか（まあ、うちには関係ない話であるが）。

1冊の本が本屋に並ぶまで著者をはじめ多くの人が関わっていることを

忘れてはいないだろうか。編集者、装幀家、カメラマン、校正者、印刷業者、営業・広告担当者、配送業者……。時間と手間をかけて出来上がった本であれば、「立ち読み大歓迎」なんて口が裂けても言えない。某ライフスタイル書店には「客を甘やかすのもいい加減にしろ」と声を大にして言いたいところだが、確固とした経営戦略に基づいてのサービスなのだろうから、文字による表現にとどめておく。

返品しない、返品できないため、仕入れた本は時間をかけて売るしかない。1年後かもしれないし、3年後、5年後になるかもしれない。いずれは誰かが購入してくれる商品であれば、できるだけ新品に近い状態でお渡ししたい。

「これから本は嗜好品になっていく」と話していたのは京都・誠光社の堀部篤史さんだ。本など読まなくても生きていけるし、読みたくない人が読む必要も義務もない。本屋に限らず、嗜好品を扱う個人店はなくならないという考え方に賛同する。

嗜好品を大事にしない「立ち読み文化」に異議を申し立てるだけでは何

も変わらない。行動を起こさなければならない。

気軽に立ち寄れるのが本屋のいいところだと言われているが、敷居の高い本屋があってもいいのではないか。入店の際に５００円もしくは１０００円をお預かりする。本をお買い上げいただいた方には全額返金する。デポジット制だ。

そんなことを夢想していたら、東京・六本木に入場料をとる本屋「文《ぶん》喫《きっ》」が２０１８年12月にオープンした。入口で１６５０円（平日。土日祝は１９８０円）を支払うと、コーヒーと煎茶《せんちゃ》はおかわり自由で、店内にある約３万冊の本を自由に読むことができる。

僕の店がデポジット制を導入するためクリアしなければならない条件がある。５００円、１０００円を払って満足してもらえる空間、環境を提供できるか。ひとりで店を回している現状ではドリンクおかわり自由には対応できないし、金額は１００円がせいぜい。

デポジット制によって、ひやかしの入店者を少なくすることはできるだろう。だが、実現したとしても立ち読み自体がなくなるわけではないことに気づき、ガックリしている。

何のために本を売るのか／本屋を続けるのか

もうからない仕事（本屋）をなぜ続けるのかと聞かれたら、「もうからないから」と答える。妻が聞いたら間違いなく怒る。

出版不況だという。

さまざまな統計が書籍・雑誌の売り上げが落ちていることを示している。公益社団法人全国出版協会の出版科学研究所によると、ピークだった１９９６年の２兆６５６４億円から長期低落傾向にあり、２０２０年は１兆２２３７億円と約６割減少している。

では、いくら売れたらいいのか？　年間約８万の出版点数は多いのか少ないのか？　姿を消しつつあるという「街の本屋」は人口10万人の地域に何店あったらいいのか？　大手出版社（S社、B社、K社など）に勤務する社員の給与水準を維持するためには年間何冊の本が売れたらいいのか？誰も答えられないだろう。

本にお金をかける人が減ったことを嘆いてみても始まらない。売れるべき本が売れない理由を、某老舗出版社首脳のように図書館の貸し出しに求めるつもりもない。

定年間際になって本屋を選んだことを今のところは後悔していない。契約社員として会社に残っていたら何をしていたとか考えたこともない。小学生の子どもを妻と一緒に育てながらの生活。社員から経営者（株式会社SLOW MEDIA TOKYO代表取締役）になったというのに稼ぎは激減したが、すべてが自分の裁量に委ねられているということで弛緩《しかん》せず、緊張感を持って毎日を過ごしている。

そもそも出版業界が右肩上がりで、本屋がもうかる商売ならば別の仕事を選んでいたと思う。ビジネス感覚に長《た》けた人たちが参入する業界で生き残りをかけて勝負するなんて真っ平ごめんなのだ。勝つ見込みがあるのかどうかという以前に新聞記者時代から人が群れる場所には近づかなかった。みんながやっていることには背を向けてきた。妻から「偏屈、へそ曲がり」と言われるこの性分《しょうぶん》は本屋を始めても変わらない。

新型コロナウイルスの感染が拡大し始めた２０２０年4月以降、いくつかの本屋が通販サイト（オンラインショップ）を作った。店を閉めざるを得ない状況で売り上げを何とか確保したいと考えての判断だったと想像する。通販サイトで本を購入できる日本全国の個人書店（古書店も）のリストを独自に作成してウェブで公開する出版関係者も現れた。

僕の店は入っているか？　聞くだけ野暮というものだ。メールなどによる問い合わせがあった場合は丁寧に応じているが、通販サイトはない。作る予定もない。よその本屋でも買える本をわざわざサイトに登録したり、注文を受けて梱包《こんぽう》した本を郵便ポストに投函《とうかん》したりという作業に追われ、店頭業務外のことに今と同じ時間を割けなくなるのは困る。ただ、面倒くさいだけなのかもしれない。

全国の書店と古書店を支援するため、NUMABOOKS代表でブック・コーディネーターの内沼《うちぬま》晋《しん》太郎《たろう》さんらが呼びかけて生まれたプロジェクト「ブックストア・エイド基金」にも参加しなかった。数多くの著名人が賛同人に連ねるクラウドファンディングで最終的に約４７００万円が集まり、各店に配分されたという。ありがたいプロジェクトではあったのだが、コロナ禍でも通常通りの営業を続けていて、そこそこの売り上げがある店が関係してはいけない話だった。まあ困っていたとしても参加しなかったと思う、天邪鬼《あまのじゃく》なので。

さらにツイッターのフォロワーを減らすことになりそうな偏屈ぶりをもうひとつ。

読書嫌いを減らそう、読書人口を増やそう、子どもたちに本を読んでほしい。そのための努力が必要だと訴える人たちがいて、実際に行動に移している。意義のあることで敬服するしかない。だが、実現するには時間がかかるし、果たして実現するのかも分からない。

30代や40代ならまだしも、60代半ばの僕に残された時間は長くない。本好きを増やすなんて柄じゃない。目の前のことに集中したい。手間暇かけることを厭《いと》わず、今を大切にしたい。本が売れる度にタイトル、出版社、本体価格、掛け率をエクセルシートに書き込んだり、ＳＮＳや新聞の書評などでめぼしい本をチェックしたり、店に入ってすぐスマホを構える人たちに「撮影はご遠慮ください」と優しく声かけをしたり。

情報をただで消費して本を買わない（立ち読み）で済ます人たちがいる一方で、一度に驚くほどたくさんの本を買ってくれる人たちがいることを知っている。今目の前にいる本好きに何度も足を運んでもらい、できれば、まとめ買いをしてもらえるにはどうしたらいいのか。売れ筋の本を仕入れるのではなく、自分の感覚を信じて選書を続けるしかない。

わざわざ来てくれる人たち

店のドアは閉めている。「いらっしゃいませ」と言ったことは一度もない。

本屋を始める前に読んだ『なぜ本屋に行くとアイデアが生まれるのか』

（祥伝社新書）で著者の嶋《しま》浩《こう》一郎《いちろう》さん（博報堂ケトル取締役・クリエイティブディレクター）は、本屋というのは「わざわざ行くところ」でない方がいいと考えている、と書いている。その理由として、本屋は日常生活の中にあるべき場所であり、想定外の情報との出会いがあって、日常を豊かにすることができる場所が生活圏にあることは、とても幸せなことだと続けている。

　店に立ち続けて4年が過ぎ、本屋というのは「わざわざ行くところ」であった方がいいと考えるようになった。本という「嗜好品」を取り扱う場所だからだ。

　浅草にも蔵前にも近い場所に店を構えることとなり、散歩やデートの途中に立ち寄ってもらえる場所になればと考えていた時期があった。少しでも入りやすいようにと、天気のいい日はドアを開放していた。週末は来店が相次ぎ、10人くらいが滞留することがある。カップル、2〜3人のグループが多い。しばらくすると潮が引くようにいなくなる。畑を荒らされた農家のような気分で棚を直す。うちはバーゲン会場ではない。

丁寧に扱ってほしい。買い取りで返品できないという理由だけではない。多くの人たちが手間暇をかけてつくったことを知っているからだ。銀座の海外ブランド店のようなドアマンは雇えない。その代わり、ドアを閉めて敷居を高くしている。それでも、わざわざ本を求めて来てくれる人たちがいる。顔を見れば名前が浮かぶ人たち、いわゆる常連さんと呼べるような人たちが僕の店にもできている。

Kさん、Uさん、Mさん、Sさん、Tさん、Iさん……。年齢は30代から60代。男性もいれば女性もいる。アマゾンを使わずに注文してくれたり、まとめ買いをしてくれたり。

「パレートの法則」という理論がある。イタリアの経済学者、ヴィルフレッ

ド・パレートが１８９７年に提唱した法則で、全体の２割の要素が全体の８割の数値を生み出しているという。例えば、売り上げの８割は全体の２割のユーザーが生み出している↓成績上位２割の社員が売り上げの８割を担っている↓８割の成果は２割の労働力で生み出されている。80：20の法則とも呼ばれ、小売業に当てはめると、２割をターゲットにしたサービスをした方がいいと言われている。

僕の店はそこまでいっていないが、常連さんがいつ来ても発見、新たな出会いがあるような棚をつくっていかなければと考えている。

開店後しばらくは遠隔地からのお客さんが多かったのはカウンター越しの会話で分かった。札幌、福井、大阪、神戸、高知、福岡、沖縄など。雑誌やサイトで知ったという人たちだ。コロナ禍以降、東京への移動が制限されているせいか、近隣のお客さんが増えている。

先日、同じ通りで商売をする年配の女性が三つの月刊誌を定期購読したいと言ってくれた。電話で入荷の連絡をしたところ、「今は出られない」と言う。平日でお客さんが途切れたころを見計らって店を閉め、歩いて数分のところにあるお店に本を届けた。地元の人たちに必要とされる店になりつつあるのだろうか。「日常を豊かにすることができる場所」として認識されているのだろうか。

ところで、第2章で「文化系女子」が来てくれるような場所を目指したと書いた。その象徴的な存在でもあるキョンキョンこと小泉今日子さんにはまだご来店いただいていない。

本屋を続けたい人たちへ

本屋がどんどん増えている！

これは「本の雑誌２０２１年5月号」（本の雑誌社）の特集タイトルだ。「いま行きたい！　全国独立系本屋１１２」の中に僕の店も入れてもらっている。「コロナ禍、どこ吹く風で店を開けています」というふざけたコメントは自分で考えた。

「独立書店年表」をまとめた本屋ライターの和氣正幸さん（BOOKSHOP TRAVELLER代表）が書いている。「情報の民主化」によって本屋は「始めやすくなった」と。２０１０年代になると、本屋は「自己実現／自己表現の手段のひとつ」になったとも。詳しいことを知りたい人は「本の雑誌」を買って読んでください。

僕も「情報の民主化」の恩恵を受けた。商売の経験がなくても本屋を始めるのは難しくはない。大手取次と取引できなくても、子どもの文化普及協会やトランスビュー、「神田村」の八木書店などを利用することで仕入れのハードルは下がり、誰でも始めることはできる。でも、続けるのは難しい。本屋だけでなく、ほとんどの小売りにあてはまるだろう。担い手が個人の場合はとりわけ。「続けやすくなった」という状況では決してない。

１冊からでも本屋は始められる。

銀座の中心街から少し離れた場所に２０１５年５月にオープンした「森岡書店」は「一冊の本を売る本屋」をコンセプトに掲げている。販売する本は週替わりで、期間中に著者のトークや展示など、その本にまつわるさまざまなイベントを企画している。
店主である森岡督行《もりおかよしゆき》さんのアイデアとネットワークがあって実現した商売の形態で、誰もが真似できるわけではないが、売りたい本が１冊でもあれば、そこから広げていけばいい。僕は選書が間に合わず、絵本を中心に三百数十冊でスタートした。売れる以上に毎日選書を重ねて仕入れを続けた結果、在庫は５０００冊近い（２０２１年７月時点）。金額に換算すると約７００万円。これは僕が代表取締役を務める株式会社SLOW MEDIA TOKYOの資産として計上されている。

読書家でなくても本屋は始められる。僕がそうだ。子どものころから古典に触れる機会はなく、貧弱な読書体験しか持ち合わせていない。本好きかと聞かれれば、否定はしないが、それほどでもない。読書が好きな人に職業として本屋はお勧めしない。本なんて読んでいる時間はないからだ。

本屋を始めるには、とにもかくにも準備が大事。本が好きかどうかは関係ない。スポーツに喩えれば試合が始まる前にほぼ勝敗は決まっている。どれだけ練習したかだ。

志と熱意があって本屋を始めたとしよう。でも、志と熱意だけで続けることは難しい。１０００円の本が売れたとして手元に残るのは２００円〜３００円。本屋だけの稼ぎで暮らしていくのは不可能に近い、というのが開店5年目に入った僕の実感だ。

商業ビルなどにテナントとして入っている書店の場合、社員は数人でアルバイトがほとんどという形態で運営されていると聞いたことがある。彼／彼女の生活はどうなっているのだろうか？　余計なお世話だが、将来年金は受給できるのだろうか？　そもそも売り上げを人件費にまともに回せない業界に未来はあるのだろうか？

辻山良雄さんの「Title」や堀部篤史さんの「誠光社」は特別の存在だと思う。辻山さんはリブロで、堀部さんは恵文社で積み重ねたキャリアと実績を持ち、出版社、編集者、著者、カメラマン、デザイナー、イラストレーターたちからの信頼と信用を得ている。だからこそコロナ禍にあっても本屋を続けていられると僕は想像している。

安定した収入のあるパートナーの存在は大きい。僕の場合、妻が看護師としてフルタイムで働いている。だから、マンションのローンを返済しながら、小学校に入ったばかりの息子を含めた３人で生活できている。

知り合いの中には本屋に専念している人がいれば、他に仕事を持ちながら本屋をしている人もいる。週末だけ店を開けている人もいる。道はひとつではなく、それぞれの状況に合わせた働き方をすればいい。

お金の話をしなければならない。

店舗となる物件の取得費（敷金、礼金、前払い家賃、不動産会社への手数料など）、什《じゅう》器《き》の製作費もしくは購入費、本の仕入れ代、レジや冷蔵庫、ファックス、プリンター、イスなどの備品代など。改装代が必要になることもある。

僕は公的機関からの融資も検討したが、借金をすることが経営のリスクになるかもしれないと思い、自己資金（退職金など）で賄《まかな》った。初期投資は約６００万円だった。これで終わりではなく、店を続けるには運転資金が必要だ。店の規模にもよるが、２００万円〜３００万円あれば、１年ぐらい赤字でも続けられるのではないだろうか。

在庫が増え、開店４カ月後、Titleの棚も手掛けたフォレストピアの中村敦夫さんに相談してキャスター付きの棚を作ってもらった。費用は約１００万円。２０１９年11月にはコンクリートの床をフローリングにした。費用は約80万円。通帳の残高をみると、同様の投資をするのは厳しい。

　本は毎月、４００冊〜５００冊ほど売れている。売り上げ額はイベント、カフェ、雑貨、レンタル棚などを足して80万円〜１００万円。年間では１０００万円を超える。会社員時代の年収と肩を並べるくらいにはなっているが、経費も同じくらいかかるので純利益は数十万円にとどまっている。この収支状況に妻が不安を感じているのはよくわかる。ただ、63歳からは年金がもらえるので家計の足しにはなる。

　思いついたことはできる限り書いたつもりだが、疑問点があれば何でも聞いてほしい。

　以前、本屋を始めたいという人たちがわざわざ僕の店を訪ねて来てくれた。聞かれたこと、知っていることはできるだけ話した。そうすることが店を始める前、ぶしつけな質問にも丁寧に応じてくれた先輩たちへの恩返しにもつながると思ったからだ。

実際に本屋を始めた人たちもいる一方で残念ながら店を閉めた人たちもいる。雑誌などで開業の経緯や工夫などは語られても、なぜ続けられなかったかという話が語られることはない。そこにも続けるためのヒントはあるはずだ。

定年後の人生を考えている人たちへ

山口百恵、森昌子、桜田淳子の「花の中三トリオ」に石川さゆり、岩崎宏美、久保田早紀、玉置浩二、ＡＳＫＡ、安藤優子、原辰徳、三屋裕子、木村和司、藤山直美、樋口可南子、森下愛子、原田美枝子、宮崎美子、時任三郎、宮本亜門、秋元康、日比野克彦、小室哲哉、山田詠美、東野圭吾、坪内祐三、杉浦日向子、やくみつる。海外ではマイケル・ジャクソン、プリンス、マドンナ、シャロン・ストーン、ジョン・マッケンロー。

共通しているのは「昭和33年度（1958年度）生まれ（昭和33年4月〜34年3月）」であること。つまり僕の同級生たちだ。別々の場所で同じ時代を生きてきた仲間たち。いろいろな出会い、経験を経てきたはずだ。会ったことはないが、同志みたいな存在。今も第一線で活動している人もいれば、亡くなった人もいる。詳しくは『ぼくら「昭和33年」生まれ』（四《よつ》家《や》秀治《ひではる》、言視舎《げんししゃ》）をご覧ください。

サラリーマンであれば定年退職の時期を迎えている年代だ。

読売新聞大阪本社時代の同期の中で一番仲が良かったSは退職後、インドネシアと日本を行ったり来たりしながら、看護師や介護福祉士の資格を得て日本で永続的に働こうとしているインドネシアの若者たちに日本語を教える仕事をしている。

新聞記者の仕事に社会的な意義と魅力を感じながら働いていたが、50歳を迎え、55歳を過ぎるうちに定年後はどうするか自問するようになったという。「人生二毛作」という言葉に触れ、60歳を機にリセットして新たな人生を踏み出そうと決意する。

何か技術があるわけではないが、海外で暮らし、とりわけ若い人たちの役に立てればいい。日本語教師であれば記者としての経験が生かせるかもしれない。このあたりが自分のことしか考えていない僕との違いだ。

仕事のかたわら週３日、日本語教師養成講座の夜間コースに通い、１年余りで規定の４２０時間に達し、その２カ月後、会社を辞めた。国際交流基金のプログラムで半年間インドネシアに派遣され、日本語教師のアシスタントをしながら高校生たちとも交流を重ねた。現地の文化を学ぶことで「交流の懸け橋」としての役割を担った。

家族の反応と今後のことを尋ねると、「好きにやってという感じ。頑張ってねという意味合いもあると自分では思っている。日本語教師は65歳を一区切りと考えている。何をするにしても社会との接点は持ち続けたい」と答えてくれた。

大学時代の同期のMは全国通訳案内士という国家資格を持ち、訪日外国人向けの観光ガイドをしている。彼が健康状態を理由に会社を辞めたのは僕と同じ58歳の時。ハローワークに通って仕事探しをしたものの、現実は甘くなく、「一億総活躍社会」はスローガンにすぎなかったことを知る。

「退職したら会社員の時の肩書などまったく意味を成さない。むしろ高い地位にいた人ほど、プライド思考や行動パターンに縛られて、新しい仕事に就くことが困難になる」

「したがって、公立の図書館と何時間でも居られるコーヒーチェーン店は、行き場を失った中高年の男性で朝から満員ということになる」

Mの分析は辛辣《しんらつ》だが、的を外しているとは思わない。僕が前職とは直接関係のない本屋という仕事と巡り合ったのは幸運というしかない（給与が下がっても65歳まで会社に残ってほしかった妻にとっては不運だろうが）。一歩間違えば、僕も行き場を失って図書館通いをしていたかもしれない。

Mがそうならなかったのは散歩の途中に、着物の日本人女性が外国人にお茶を振る舞っているポスターを「偶然」見かけたためだった。ポスターが貼ってあったビルは通訳案内士を養成する予備校だった。英語ができても日本の歴史や習慣を知らないと試験には通らない。「落ちたくない」という一心で勉強に励み、合格率1割という難関を突破することができたという。

話はこれで終わりではない。

何とかして「生きがい」を見つけたものの、コロナ禍のため外国人観光客が来日できなくなり、通訳士の出番がなくなった。

ここでもう一つの「偶然」が起きる。妻が持ち帰った情報誌を見ていて、ある文学賞の募集記事を見つける。学生時代から小説を書きたいと思っていたMはステイホーム期間を利用して３週間で書き上げた。４００を超える応募作品の中から大賞最終候補作品５編に残り、２０２０年10月、大賞作品とともに出版されたのだった。

Mは言う。「人生いつ何が起きるか分からない。だから面白い」

教訓めいたものを引き出すのであれば、始めるのに遅すぎるということはないこと、心に引っかかったことがあったらそのままにしないで一歩踏み出してみるということ。

新型コロナウイルスが落ち着いたら、出版祝いを兼ねた同窓会を僕の店でやろうという話になっている。

「ボウズ」になった日

その日は突然、やって来た。

２０２１年５月19日、新垣結衣と星野源の結婚発表で世間がざわついていた日、東京メトロ銀座線田原町駅近くの本屋の売り上げが２０１７年４月23日のオープン以来、初めてゼロを記録した。いわゆるボウズだ（釣りで一匹も釣れなかった時に使う言葉）。ふたりの結婚が話題になる度、僕は思い出すだろう。Ａｉｒレジのアプリを入れたｉＰａｄ ｍｉｎｉの画面に一度も触れることなく、シャッターを閉めた日のことを。

「敗因」を挙げるとすれば、平日の水曜日だったこと。入店者はいつにもまして少なかった。２組３人（全員20代の女性）。最初のひとりは本に触れることなく、棚の向こう側を通り抜け、ものの数分で出て行った。２組目のふたりは棚から本を取り出して読んでは戻し、読んでは戻しを繰り返しながら１時間近くいた。何も言わずに店を出ると外観をスマホで撮影しようとした。これにはキレた。

開店して間もないころは在庫も少なく、平日は数千円、週末でも売り上げが1万円に届かない日も珍しくなかった。当時どんな気持ちで毎日を過ごしていたのか、覚えていない。

お客さんがひとりだけという日があった。1年目の日曜日だった。台風接近に伴い、朝から雨が降っていた。近所のカフェのマスターに教えてもらって来たという女性が、まとめ買い（5冊）をしてくれた。紫陽花さん、ありがとうございました。

本が1冊も売れない日もあったが、雑貨とカフェ（コーヒー、オーガニックドリンク）の売り上げはあった。次第に在庫が増え、雑誌などで紹介され、常連さんと呼べる人もでき、売り上げは伸びていった。まさか売り上げがゼロになる日が来るとは。

あの日、自分で本を買うこともできた。「#今日最初にお買い上げいただいた本」をツイートしても、とがめる人はいない。売り上げがゼロにならなくてすむ。でも、思いとどまった。現実は受け止めなければならないと思った。

　家に帰って、ボウズだったことは妻には言わなかった。言えば、余計な心配をさせてしまうかもしれないし、責められるかもしれない。「そんな日もあるよ」と受け流してくれるかもしれない。恐らく、この本を読んで知ることになるだろう。

　あの日の気持ちをどう説明したらいいだろう。野球に喩えれば、連勝記録を伸ばしていた投手が打ち込まれ、敗戦投手になった時のような気持ちだろうか。いい気になっていたところで鼻をへし折られた感じか。

　だが、時間が経つにつれ、肩の荷を下ろしたような気持ちになったのも事実だ。それに店がなくなったわけではない。また、シャッターを開ければいい。売り上げゼロを経験して怖いものはなくなった。

　翌日、早い時間に本が売れた。『彼女たちの部屋』（レティシア・コロンバニ著、齋藤《さいとう》可津子《かつこ》訳、早川書房）だった。買ってくれたのは初めての来店だという40代ぐらいの女性で、子育てや受験などについて立ち話をした後、いつものように「#今日最初にお買い上げいただいた本」をつけてツイートした。

おわりに

家族が暮らすマンションの一階に子どもの英会話教室がテナントで入っている。

その前は個人経営の本屋だった。品ぞろえの大半は雑誌と文庫と漫画。入口に近いカウンターの中には店主とおぼしき70代ぐらいの女性が座っていた。1、2回入ったことはあるが、何も買わずに出た。前を通りかかった時も店内には誰もいなかった。

僕が本屋を始める1カ月前、その本屋は「諸般の事情」によってシャッターを下ろした。閉店を知らせる貼り紙には21年間の営業だったこと、お客への感謝の言葉が書かれていた。「街の本屋」の衰退の一例として片づけてしまいがちだが、見方を変えれば、同じ商いを21年間もよく続けた、とみることはできる。

場を構えると、いろいろな人がやって来る。

開店3日目だった。30代ぐらいの女性がカウンターにやって来て、「ほしい絵本がある。でも、タイトルを思い出せない」と言った。ハンドバッグからスマホを取り出し、「これ」と言って見せてくれたのはアマゾンのサイト画面だった。

イソップ童話のロングセラーで、複数の出版社からさまざまなバージョンが刊行されている。取り寄せるのに時間がかかることを説明すると、裏浅草（浅草寺の北側）で占い師をしているという女性は「それでもいい」と携帯電話の番号を告げて帰っていった。

ネットを使えば数日のうちに、しかも自宅まで届けてくれるものを、なぜうちみたいな店にわざわざ足を運んで注文してくれるのか。速さ以外の価値を大事にしている人が目の前にいる。そんな人たちに向き合える本屋であり続けたいと思っている。

２０２１年11月2日、63回目の誕生日を迎え、晴れて（？）年金受給者になる。

いつまで本屋を続けるのか。始めた時から考えている。いつまでもできるわけがない。「わたし何だか死なないような気がする」と作家の宇野《うの》千《ち》代《よ》さんは言ったそうだが、それでも98歳で亡くなった。

70歳まで続けるとしたら残り7年。いつか分からないが、終わりは必ずやって来る。その時、店の扉に貼り出す紙には、どんな文章を書こうかと考えている。

＊

編集を担当してくれた光文社新書編集部の田頭晃さんに感謝いたします。週刊現代の元編集長、元木《もとき》昌彦《まさひこ》さんとの対談相手を僕が務めたトークイベントに来てくださり、どこに興味を持ったのか、今回の企画を提案してくれた。自分のことならいつでも書けると高をくくり、しばらくほったらかしにしていた。「その後、ご執筆は順調でしょうか」というメモをはさんだ、田頭さんが担当した新書が送られてくる度に、お尻に火がついたような気分になってパソコンに向かった。改めてお礼を申し上げます。

新聞記者から本屋の店主へ。華麗とは言えない転身をつづった本書を執筆することは、閉まっていた記憶の扉を開くことでもあった。あんなことがあった、こんなことがあった。自分でも忘れていたことを思い出しながら書き留めた。

遺言みたいな本書を妻と息子に贈りたい。

２０２１年７月
落合博

Readin'Writin' BOOKSTORE オープンまでの歩み

【２０１４年】

4月6日　長男誕生

【２０１５年】

4月ごろ　本屋開業に向けて動き出す／仕事の合間に本屋回りを始める
7月4日　ツイッターを始める
9月ごろ　本屋の構想をノートに書き始める
10月16日　福岡・ブックスキューブリックの大井実さんを訪問
10月21日　西荻窪・忘日舎の伊藤幸太さんを取材
10月28日　不忍ブックストリート代表の南《なん》陀《だ》楼《ろう》綾《あや》繁《しげ》さんを取材
10月31日　堀部篤史さんのトークイベント（渋谷ＳＰＢＳ）に参加
11月14日　車座トーク「本と本屋の未来を語ろう」（福岡）を日帰り取材
11月23日　一箱古本市（国分寺）に初参加
11月26日　古書日月堂（青山）の佐《さ》藤《とう》真《ま》砂《さ》さんを訪問

11月27日　古書店開業セミナー（横浜）に参加
12月6日　コーヒーの淹れ方教室でアアルトコーヒーの庄野雄治さんの指導を受ける
12月16日　トランスビューの工藤秀之さんを訪問

【2016年】

1月27日　辻山良雄さんのトークイベント（西荻窪）に参加
2月10日　トークイベント「小さな本屋のつくり方」（神保町）に参加
2月中旬　名刺『2017年、「本屋」を始めます。』の作成をデザイナーの北島敬明さんに依頼
2月24日　トランスビューの封入大会に初参加
3月2日　妻の実家がある佐賀に帰省して北島敬明さんと初対面
3月中旬　佐賀ではなく、東京での開業に方針変更
4月16日　一箱古本市（向島）に参加
4月24日　TOKYO起業塾（入門コース）に参加
5月3日　不忍一箱古本市に助っ人で参加、夜の打ち上げで本屋開業を宣言

5月7日　不動産会社の紹介で物件探しを始める

5月12日　堀部篤史さんと島田潤一郎さんのトークイベント（青山ＢＣ）に参加

5月14日　ＴＯＫＹＯ起業塾（実践コース計5回）に参加

5月26日　東京開業ワンストップセンターのセミナーに参加

6月8日　東京信用保証協会のセミナーに参加

10月6日　カストリ出版の渡辺《わたなべ》豪《ごう》さんを取材

10月12日　双子のライオン堂の竹田信弥さんと神田村の八木書店などを訪問

10月中旬　北島敬明さんより店名（Readin’Writin’ BOOKSTORE）の提案

10月19日　東京信用保証協会のセミナーに参加

10月下旬　現在の物件（田原町）に出会う

11月9日　東京信用保証協会のセミナーに参加

11月16日　子どもの文化普及協会（表参道）を訪問して仕入れを依頼

11月19日　一箱古本市（国分寺）に参加

12月4日　古書善行堂、ホホホ座、レティシア書房、三月書房、誠光社などを訪問

12月19日　不動産会社で物件の賃貸契約※賃料は２０１７年２月から支払い

【2017年】

1月4日　上司に退職を申し出る
1月11日　滋賀県立大学の白井宏昌研究室を訪問
1月17日　台東保健所を訪問
2月9日　東京都食品衛生協会の食品衛生責任者養成講座を受講
2月17日　イラスレーターの竹田明日香さんと神戸の本屋を訪問
3月7日　リノベーション着工※解体工事始まる
3月22日　滋賀県立大学生によるワークショップ開始（〜4月2日）
3月24日　古物商許可申請書を蔵前警察署に提出
3月31日　毎日新聞社を退社。生まれて初めて金髪にする
4月23日　Readin'Writin' BOOKSTOREオープン

『ゆっくり、いそげ』影山知明/大和書房、2015年
『誰もいない場所を探している』庄野雄治/ミルブックス、2015年
『NEW YORK COFFEE SHOP JOURNAL』SNOW SHOVELING、2015年
『おいしい下町　vol.Coffee』食のまちめぐり推進事業実行委員会、2016年
『Hemisphere　04』aalto coffee and the rooster、2016年
『季刊珈琲時間2016年5月号　ザ・リノベ・カフェ』大誠社
『東京のおいしいコーヒー』KADOKAWA、2016年
『イースト東京CAFE』ぴあ、2016年

【その他】
『二流でいこう　一流の盲点 三流の弱点』
ナガオカケンメイ/集英社クリエイティブ、2013年
『「消費」をやめる』平川克美/ミシマ社、2014年
『GOOD WORKS』メアリーアンドディーン、2016年
『SWITCH VOL.34 No.4小泉今日子　原宿プレイバック』
スイッチ・パブリッシング、2016年
『MEKURU　VOL.07 みんなのキョンキョン　誰も知らない小泉今日子』
ギャンビット、2016年

■ 雑誌
『本の雑誌』本の雑誌社
『BOOK5』トマソン社
『Crafter』クラフトビジネス協会
『散歩の達人』交通新聞社
『OZ magazine』スターツ出版
『PEN』CCCメディアハウス
『BRUTUS』マガジンハウス

佐々木善樹/エクスナレッジ、2015年
『Brooklyn INTERIOR』主婦の友社、2015年
『ウェアハウススタイル』枻出版社、2015年
『この店、あの場所』松浦弥太郎/マガジンハウス、2015年
『TO magazine　墨田区特集号』双葉社、2015年
『ぼくらのリノベーションまちづくり』嶋田洋平/日経BP、2015年
『NEW YORK DESIGN BOOK』ソシム、2015年
『素晴らしき手描きの世界』チョークボーイ/主婦の友社、2016年
『チョークアート』クラッチ編集部/枻出版社、2016年
『サードウェーブ・デザイン』パイインターナショナル、2016年
『「お教室」のつくり方』池田範子/同文舘出版、2016年
『丸林さんちのはじめての家具づくりレシピ』
丸林さんち/パイインターナショナル、2016年
『DIY×セルフイノベーションでつくる家』
石井佳苗/エクスナレッジ、2016年
『グラフィックス×リノベーションでつくる　こだわりのショップデザイン』
パイインターナショナル、2017年

▩ コーヒー&カフェ
『ブックカフェのある街』前野久美子編著/メディアデザイン、2011年
『TOKYOブックカフェ紀行』玄光社、2012年
『カフェという場のつくり方』山納洋/学芸出版社、2012年
『佐賀カフェ散歩』ドアーズ/書肆侃侃房、2012年
『コーヒーの絵本』庄野雄治・平澤まりこ/ミルブックス、2014年
『ブックカフェさんぽ』グラフィス、2014年
『鎌倉のカフェで君を笑顔にするのが僕の仕事』堀内隆志/ミルブックス、2014年
『わたしがカフェをはじめた日。』ホホホ座/小学館、2015年
『ブックカフェを始めよう!』日本ブックカフェ協会編/青弓社、2015年

『望星2017年4月号　特集 やっぱり本屋さんでなくっちゃ』東海大学出版部
『東京こだわりブックショップ地図』屋敷直子/交通新聞社、2017年
『本屋、はじめました』辻山良雄/苦楽堂、2017年
『ローカルブックストアである　福岡ブックスキューブリック』
大井実/晶文社、2017年
『普通の本屋を続けるために』久禮亮太/明日香出版社、2017年
『増補　書店不屈宣言』田口久美子/ちくま文庫、2017年

【デザイン・リノベーション・店づくり】

『小さなお店、はじめました Special』竹村真奈/翔泳社、2010年
『スクラップメイドのインテリア』伊波英吉/グラフィック社、2011年
『だから、僕らはこの働き方を選んだ』
馬場正尊・林厚見・吉里裕也/ダイヤモンド社、2011年
『住み開き　家から始めるコミュニティ』アサダワタル/筑摩書房、2012年
『RePUBLIC 公共空間のリノベーション』
馬場正尊+Open A/学芸出版社、2013年
『活版印刷の本』手紙社、2013年
『簡単! インテリアDIYのアイデア』石井佳苗/エクスナレッジ、2013年
『人が集まる「つなぎ場」のつくり方』
ナカムラクニオ/CCCメディアハウス、2013年
『こだわりのブックカバーとしおりの本』玄光社、2014年
『HOME SHOP Style』アラタ・クールハンド/竹書房、2014年
『d design travel SAGA』D&DEPARTMENT PROJECT、2014年
『お店にファンをつくるウェブ発信の新ルール』仲島ちひろ/角川書店、2014年
『ショップ成功のメソッド』ヤマダユウ/誠文堂新光社、2014年
『リノベーションまちづくり』清水義次/学芸出版社、2014年
『オールドテイストの家具と庭』伊波英吉/NHK出版、2014年
『家は買うものでなくつくるものでもなく育てるもの』

『偶然の装丁家』矢萩多聞/晶文社、2014年
『【新版】編集とはどのような仕事なのか』鷲尾賢也/トランスビュー、2014年
『一度は読んでほしい 小さな出版社のおもしろい本』三栄書房、2014年
『“ひとり出版社”という働きかた』西山雅子/河出書房新社、2015年
『わたしのブックストア』北條一浩/アスペクト文庫、2015年
『本と店主』森岡督行/誠文堂新光社、2015年
『本屋になりたい』宇田智子/ちくまプリマー新書、2015年
『口笛を吹きながら本を売る 柴田信、最終授業』石橋毅史/晶文社、2015年
『まちの本屋』田口幹人/ポプラ社、2015年
『変える、広げる　本との出会い』本の学校編/出版メディアパル、2015年
『ほんほん本の旅あるき』南陀楼綾繁/産業編集センター、2015年
『本屋へ行こう!!』洋泉社、2015年
『本屋って何?』稲葉茂勝著・秋田喜代美監修/ミネルヴァ書房、2015年
『まっ直ぐに本を売る』石橋毅史/苦楽堂、2016年
『HAB　本と流通』エイチアンドエスカンパニー、2016年
『月刊京都2016年5月号　京の気になる本屋さんへ行こう』白川書院
『本屋がなくなったら困るじゃないか 11時間ぐびぐび会議』
ブックオカ編/西日本新聞社、2016年
『本の時間を届けます』篠賀典子・芹澤健介・北條一浩/洋泉社、2016年
『ユリイカ2016年3月臨時増刊号　総特集 出版の未来』青土社
『これからの本屋』北田博充/書肆汽水域、2016年
『書店と民主主義』福嶋聡/人文書院、2016年
『ヒトハコ創刊号』ビレッジプレス、2016年
『古本屋写真集』岡崎武志・小山力也/盛林堂書房、2016年
『IN/SECTS　Vol.6.5　特集 いいお店のつくり方』LLCインセクツ、2016年
『ガケ書房の頃』山下賢二/夏葉社、2016年
『NEW YORK BOOKSTORE NOTE』SNOW SHOVELING、2016年
『小さな出版社のつくり方』永江朗/猿江商會、2016年
『重版未定』1～4川崎昌平/河出書房新社、2016年

『筑摩書房それからの四十年』永江朗/筑摩選書、2011年
『Meets Rejional　2011年7月号　本屋の逆襲!』京阪神エルマガジン社
『「本屋」は死なない』石橋毅史/新潮社、2011年
『出版人に聞く1　「今泉棚」とリブロの時代』今泉正光/論創社、2010年
『出版人に聞く2　森岡さわや書店奮戦記』伊藤清彦/論創社、2011年
『出版人に聞く4　リブロが本屋であったころ』中村文孝/論創社、2011年
『出版人に聞く5　本の世界に生きて50年』能勢仁/論創社、2011年
『出版人に聞く7　営業と経営から見た筑摩書房』菊池明郎/論創社、2011年
『出版人に聞く11　名古屋とちくさ正文館』古田一晴/論創社、2013年
『わたしの小さな古本屋』田中美穂/洋泉社、2012年
『古本の雑誌』本の雑誌編集部編/本の雑誌社、2012年
『ぼくは本屋のおじさん』早川義夫/ちくま文庫、2013年
『ほんじつ休ませて戴きます』さかもとけんいち/主婦の友社、2013年
『善き書店員』木村俊介/ミシマ社、2013年
『離島の本屋』朴順梨/ころから、2013年
『西荻窪の古本屋さん　音羽館の日々と仕事』広瀬洋一/本の雑誌社、2013年
『街を変える小さな店』堀部篤史/京阪神エルマガジン社、2013年
『本の逆襲』内沼晋太郎/朝日出版社、2014年
『REAR32　特集 本をとどける』リア制作室、2014年
『失われた感覚を求めて』三島邦弘/朝日新聞出版、2014年
『書店と読書環境の未来図』本の学校編/出版メディアパル、2014年
『荒野の古本屋』森岡督行/晶文社、2014年
『本屋はおもしろい!』洋泉社、2014年
『ケトルVOL.18　特集 旅に出たら本屋に行くのが大好き!』
博報堂ケトル+太田出版編太田出版、2014年
『ソトコト 2014年2月号 No.176　なじみの本屋』木楽舎
『「本が売れない」というけれど』永江朗/ポプラ新書、2014年
『紙の本は、滅びない』福嶋聡/ポプラ新書、2014年
『あしたから出版社』島田潤一郎/晶文社、2014年

[本屋を始めるにあたって参考にした本と雑誌]

【本屋・本・出版】

『書物の世界』寿岳文章/出版ニュース社、1973年

『書物の共和国　定版』寿岳文章/春秋社、1986年

『ヨキミセサカエル』柴田信/日本エディタースクール出版部、1991年

『書店人のしごと』福嶋聡/三一書房、1991年

『出版販売を読む』相田良雄/日本エディタースクール出版部、1993年

『物語のある本屋』胡正則・長岡義幸/アルメディア、1994年

『本の未来』富田倫生/アスキー出版局、1997年

『街の本屋はねむらない』奈良敏行・田中淳一郎/アルメディア、1997年

『菊地君の本屋　ヴィレッジヴァンガード物語』
永江朗/アルメディア、2000年

『本屋はサイコー!』安藤哲也/新潮OH!文庫、2001年

『劇場としての書店』福嶋聡/新評論、2002年

『書店の近代』小田光雄/平凡社新書、2003年

『本屋さんになる!』岡崎武志・CWS編/メタローグ、2004年

『本屋さんの仕事』永江朗+北尾トロ他著/平凡社、2005年

『書店員タカクラの、本と本屋の日々。…ときどき育児』
高倉美恵/書肆侃侃房、2006年

『書店風雲録』田口久美子/ちくま文庫、2007年

『書店ほどたのしい商売はない』
上村卓夫/日本エディタースクール出版部、2007年

『本の未来をつくる仕事/仕事の未来をつくる本』
内沼晋太郎/朝日新聞出版、2009年

『本屋さんに行きたい』矢部智子/アスペクト、2009年

『一箱古本市の歩きかた』南陀楼綾繁/光文社新書、2009年

『出版状況クロニクル』小田光雄/論創社、2009年

『松岡正剛の本棚』松岡正剛/中央公論新社、2010年

『書物の変』港千尋/せりか書房、2010年

『女子の古本屋』岡崎武志/ちくま文庫、2011年

落合博（おちあいひろし）
1958年山梨県甲府市生まれ。Readin'Writin' BOOKSTORE店主兼従業員。東京外国語大学イタリア語学科卒。読売新聞大阪本社、ランナーズ（現アールビーズ）を経て、1990年毎日新聞社入社。主にスポーツを取材。論説委員（スポーツ・体育担当）を最後に2017年3月退社。著書に『こんなことを書いてきた　スポーツメディアの現場から』（創文企画）、『闘う男たち　神戸製鋼ラグビー部』『男たちの挑戦　神戸製鋼ラグビー部』『男たちの伝説　神戸製鋼ラグビー部』（いずれも世界文化社）など。柴又100K完走3回。

新聞記者《しんぶんきしゃ》、本屋《ほんや》になる

2021年9月30日初版1刷発行

著　者 —— 落合博
発行者 —— 田邉浩司
装　幀 —— アラン・チャン
印刷所 —— 萩原印刷
製本所 —— 国宝社
発行所 —— 株式会社光文社
東京都文京区音羽1-16-6（〒112-8011）
https://www.kobunsha.com/
電　話 —— 編集部03（5395）8289　書籍販売部03（5395）8116
業務部03（5395）8125
メール —— sinsyo@kobunsha.com

 ISBN 978-4-334-04561-6

光文社新書

1144

孤独は社会問題
孤独対策先進国イギリスの取り組み

多賀幹子

世界で初めて「孤独担当大臣」を設け、ＥＵ離脱後も混乱が続く国で、いま何が起きているのか。日本が学べることは何か。イギリス社会を見続けてきたジャーナリストが現地から報告。

978-4-334-04552-4

1145

ダイエットをしたら太ります。
最新医学データが示す不都合な真実

永田利彦

「ほぼ確実にリバウンド」「ＢＭＩ18・5未満の死亡率は2倍」「小太りが一番長生き」――ダイエットは百害あって一利なし。摂食障害が専門の精神科医が「やせ礼賛」文化を斬る！

978-4-334-04553-1

1146

教養としてのロック名曲ベスト１００

川﨑大助

現代人の基礎教養、ロック名曲１００を、これまでにない切り口で紹介・解説。著者の主観・忖度抜き、科学的な手法で得られた驚愕のランキングの1位は？　サブスク時代に最適のガイド。

978-4-334-04554-8

1147

日本のバドミントンはなぜ強くなったのか？

藤井瑞希

近年、なぜ日本のバドミントンは国際大会で目覚ましい結果を残しているのか。ロンドン五輪女子ダブルス銀メダリストの著者が自身の軌跡を振り返りながらその強さの秘密を語る。

978-4-334-04555-5

1148

腸と森の「土」を育てる
微生物が健康にする人と環境

桐村里紗

人の不調と、環境の不調は「土」でつながっている――最も身近な自然環境＝「腸内環境」と心身の関係、日々の食事の選択の重要性と方法を「プラネタリーヘルス」の観点から説く。

978-4-334-04556-2

光文社新書

1149
世間体国家・日本
その構造と呪縛
犬飼裕一

この国を支配する「空気の構造」とは？　そして、他人の目が気になるのはなぜ？　家庭で、学校で、社会で、人の心の中で、世間体はどう作用しているのか。歴史社会学者が多角的に考察。

978-4-334-04557-9

1150
「孤独」という生き方
「ありのままの自分」でいることのできる、自分だけの居場所を求めて
織田淳太郎

自らの体験に加え、孤独な生き方を実践する人たちへの豊富な取材を基に、人間の根源的な欲求を突き詰め、真に「生きる」とはどういうことかを考察する実用的ノンフィクション。

978-4-334-04558-6

1151
ニュースの未来
石戸諭

テレビ、新聞、出版…ニュースを巡る環境が悪化するなか、本当にこれらのメディアに未来はないのか。気鋭のノンフィクションライターが、ニュースの本質とその未来に迫る。

978-4-334-04559-3

1152
「ボヘミアン・ラプソディ」の謎を解く
〝カミングアウト・ソング〟説の真相
菅原裕子

同名映画も大ヒットした「過去1000年で最も重要な曲」にフレディ・マーキュリーが込めたメッセージとは。膨大な資料をもとに、近年ささやかれている、ある「仮説」を検証。

978-4-334-04537-1

1153
日本の食と農の未来
「持続可能な食卓」を考える
小口広太

食の大部分を海外に依存している日本。国内の農業は高齢化や後継者不足が進み、待ったなしの状況にある。今、私たちは何を考え、行動すべきなのか。「等身大の自給」について考える一冊。

978-4-334-04560-9

1154
新聞記者、本屋になる
落合博

新聞記者であった著者はいかにしてひとり本屋を始めることができたのか。定年目前の58歳、子どもは3歳、書店員経験は0。第二の人生、妻の反対を押し切っての本屋開業記！

978-4-334-04561-6

1155
ルポ コロナ禍で追いつめられる女性たち
深まる孤立と貧困
飯島裕子

臨時休校、おうち時間、休業補償、テレワーク……。コロナ禍で生じた出来事の多くでより深刻な状況に陥ったのは女性だった。その背景にあるものを、当事者への取材から探る。

978-4-334-04562-3

1156
日本のジーパン
林芳亨

米国で生まれたジーンズがいかに日本で独自の発展を遂げたのか？　ジーンズ界の重鎮である著者がジーンズの歴史や、日本における受容のプロセス等「ジーパン愛」を語り尽くす。

978-4-334-04563-0

1157
脳の寿命を延ばす「脳エネルギー」革命
ブドウ糖神話の崩壊とケトン体の奇跡
佐藤拓己

巨大で大食漢な働き者「脳細胞」を長持ちさせる助っ人とは⁉ ヒトの脳の発達を可能にしたエネルギーとしてケトン体に注目。認知症・うつを防ぎ健康にも役立つ栄養摂取法を考察する。

978-4-334-04564-7

1158
田舎暮らし~~読~~毒本
樋口明雄

田舎暮らしにスローライフは存在しない！　東京から自然豊かな地方に移住して20年の小説家が満を持して贈る、田舎暮らしのノウハウと闇。本書を読まずして移住するべからず！

978-4-334-04565-4